智能智造

数智化时代的转型升级之路

王春源　王昭伟 | 著

电子工业出版社

Publishing House of Electronics Industry

北京·BEIJING

内 容 简 介

随着数智化时代的发展，向智能智造升级迭代成为传统企业数字化转型的新动能。本书聚焦智能智造，详细讲解数智化时代下企业转型升级的方法论。

首先，本书讲解了智能智造的发展优势和战略布局，带领读者感知从制造时代到智造时代的进化过程。其次，数智化时代的发展离不开技术的创新和发展，本书重点论述数智化时代新技术在智能智造领域的实际应用，帮助读者了解新技术、掌握新技术。最后，本书提供了智能智造方案的实际落地场景，通过多个知名案例帮助读者了解智能智造方案如何在生产中落地，助力企业开启数智化时代转型升级的新篇章。

未经许可，不得以任何方式复制或抄袭本书之部分或全部内容。
版权所有，侵权必究。

图书在版编目（CIP）数据

智能智造：数智化时代的转型升级之路 / 王春源等著. —北京：电子工业出版社，2024.3
ISBN 978-7-121-47536-8

Ⅰ.①智… Ⅱ.①王… Ⅲ.①智能技术—应用—制造工业—产业发展—研究—中国 Ⅳ.①F426.4-39

中国国家版本馆 CIP 数据核字（2024）第 059587 号

责任编辑：刘志红（lzhmails@phei.com.cn）　　　特约编辑：王雪芹
印　　刷：三河市良远印务有限公司
装　　订：三河市良远印务有限公司
出版发行：电子工业出版社
　　　　　北京市海淀区万寿路 173 信箱　邮编　100036
开　　本：720×1000　1/16　印张：15　字数：240 千字
版　　次：2024 年 3 月第 1 版
印　　次：2024 年 3 月第 1 次印刷
定　　价：86.00 元

凡所购买电子工业出版社图书有缺损问题，请向购买书店调换。若书店售缺，请与本社发行部联系，联系及邮购电话：(010) 88254888，88258888。
质量投诉请发邮件至 zlts@phei.com.cn，盗版侵权举报请发邮件至 dbqq@phei.com.cn。
本书咨询联系方式：18614084788，lzhmails@phei.com.cn。

前 言

随着经济的发展、科技的进步，产业智能化成为产业发展的新趋势。进行智能智造转型升级是企业实现新旧动能转换的关键举措，是传统制造企业转型升级的重要途径。

智能智造顺应了数智化时代数字化、自动化、智能化、网络化的发展潮流，为企业绘制了智能智造的宏伟蓝图，助力企业走向转型升级的新征程。本书分为基础篇、技术篇和实战篇，帮助读者了解智能智造的意义、过程、技术和方案。

基础篇阐述了智能智造的内涵和核心，分析了智能智造的新风口，通过腾讯千帆、硅基智能等典型智能智造转型升级案例，分析各大企业转型成功的因素，帮助读者了解智能智造对于企业转型升级的重要作用，引领读者把握智造新趋势。基础篇还着眼于德国、美国、日本、中国在智能智造领域的博弈，论述智能智造在全球的发展趋势，具体分析智能智造在四国的发展现状和实际应用领域。

技术篇主要对数字孪生、AI、大数据、物联网、云计算 5 大技术在智能智造领域的运用展开论述，帮助读者了解 5 大技术如何赋能企业研发、生产、服务设计与升级，如何催生智能智造转型升级的新机遇，并通过 5 大技术的应用实例，为读者提供应用参考。

实战篇主要从产品数智化、生产数智化、管理数智化、服务数智化 4 个方面展开论述，帮助读者了解如何通过智能智造赋能生产，打造出高质量爆品；如何通过数智化的供应链、订单、资源管理，建立更高效的管理体系；如何通过服务转型定位、服务智能升级实现服务数智化。

智能智造拥有广阔的发展前景,是传统制造企业转型升级的关键,是推动全球经济发展步入新时代的重要力量。因此,企业应把握智能智造发展机遇,为企业的数智化发展奠定坚实基础,开拓更广阔的数智化发展空间。

目 录

基础篇 开启新兴智造时代 / 1

第1章 智造新风口：从制造到智造 / 2

1.1 从制造到智造的进化 / 2
- 1.1.1 智造的提出与发展 / 2
- 1.1.2 关于智能智造的两点思考 / 3
- 1.1.3 智能智造进化核心：纵横协同 / 4
- 1.1.4 实现智能智造的 11 大路径 / 5

1.2 智能智造新风口，势不可挡 / 11
- 1.2.1 数字经济助力智能智造发展 / 11
- 1.2.2 大力推动实数融合 / 12
- 1.2.3 工业软件颠覆传统制造业 / 14
- 1.2.4 智能智造转型升级：三轮驱动力量 / 15
- 1.2.5 应对数智化时代，企业要积极转型升级 / 16

1.3 痛点分析：智能智造之路，亟待全面强化 / 17
- 1.3.1 生态需协调，贸易环境需改善 / 17
- 1.3.2 智能智造型技术人才不足 / 18
- 1.3.3 数据安全保障能力需要提升 / 19
- 1.3.4 霍尼韦尔：智能智造先锋 / 19

第 2 章　大国博弈：智能智造走向全球 / 21

2.1　德国：吹响工业 4.0 的"号角" / 21
2.1.1　智能技术革命下的制造业升级 / 21
2.1.2　成立工业 4.0 平台 / 22
2.1.3　深耕智能智造技术 / 23
2.1.4　统一生产标准，实现"即插即生产" / 24

2.2　美国：智能智造领域的先行者 / 25
2.2.1　收购事件频繁，传统企业的生存危机 / 25
2.2.2　提倡制造业智能创新，重塑工业系统 / 26
2.2.3　建立多层级的智造人才培养制度 / 26
2.2.4　诞生一批独角兽智能智造企业 / 28

2.3　日本：如何发展智能智造技术 / 29
2.3.1　大力研发智能机器人，解决缺工问题 / 30
2.3.2　将智能智造重心放在 AI 领域 / 30
2.3.3　打造新一代工业价值链 / 31
2.3.4　"熊护士" Robear 成为病人搭档 / 32

2.4　中国：加快推动智能智造转型升级 / 34
2.4.1　政府发布智能智造转型新举措 / 34
2.4.2　数智化时代为"三驾马车"赋能 / 35
2.4.3　举国家之力，打造数智化产业带 / 36
2.4.4　江苏如何加速智能智造升级 / 37

第 3 章　战略布局：智能智造转型升级 / 39

3.1　智能智造转型现状分析 / 39
3.1.1　企业态度：积极拥抱智能智造新风口 / 39
3.1.2　转型升级战略亟待完善，需要资源支持 / 40
3.1.3　转型收益驱动智能智造升级 / 41

3.2 企业如何布局智能智造转型升级战略 / 42
  - 3.2.1 信息化改造与数智化转型升级 / 42
  - 3.2.2 搭建完善的智能智造生态伙伴体系 / 44
  - 3.2.3 积极探索低门槛的转型升级工具 / 44
  - 3.2.4 借虚拟现实技术实现智能智造 / 45
  - 3.2.5 百度发布 VR2.0 产业化平台，助力企业智能智造 / 47

3.3 案例分析：数智化时代的转型升级榜样 / 48
  - 3.3.1 腾讯千帆：推出"千店千面"模式 / 48
  - 3.3.2 硅基智能：全力打造"元宇宙中国" / 49
  - 3.3.3 格兰仕：利用智能芯片实现数智化转型升级 / 50
  - 3.3.4 三星：推出智能平台 SmartThings / 51

第4章 智能智造蓝图：牢牢把握智能智造趋势 / 54

4.1 投资者纷纷投入智能智造领域 / 54
  - 4.1.1 智能智造，商机可期 / 54
  - 4.1.2 投资者投资智能智造领域的关注点 / 55
  - 4.1.3 "BAT"成功因素分析 / 56

4.2 领先方案：企业迅速变身智能智造强者 / 57
  - 4.2.1 掌握数智世界的架构方法 / 58
  - 4.2.2 抢占数据入口，巩固市场地位 / 59
  - 4.2.3 借助 3D 打印，打造智能智造工厂 / 59
  - 4.2.4 促进 IT 与业务的数智化融合 / 62
  - 4.2.5 通过 VR、AR、MR 进行智造升级 / 63

4.3 智能智造趋势下，企业转型升级 / 64
  - 4.3.1 关注汽车自动驾驶 / 64
  - 4.3.2 移动互联网升级，智能家居成为新商机 / 66
  - 4.3.3 碧桂园：机器人助力智能建屋 / 66

4.3.4 沃丰科技：打造智能智造新标杆 / 68

4.3.5 菜鸟网络：以智能互联和同业协作为核心 / 69

技术篇　技术引领智造未来 / 71

第 5 章　数字孪生：让智能智造超越现实 / 72

5.1 数字孪生概述 / 72

    5.1.1 思考：数字孪生的概念与价值 / 72

    5.1.2 数字孪生与 AI 融合发展 / 74

    5.1.3 数字孪生助推智能智造发展 / 76

    5.1.4 西门子：打造闭环型数字孪生 / 77

5.2 数字孪生助力智造发展 / 79

    5.2.1 数字孪生赋能产品智能生产 / 79

    5.2.2 数字孪生赋能运维环节 / 81

    5.2.3 中企网络："AR 千里眼"远程运维 / 82

    5.2.4 可视化场景：工厂三维建模 / 84

    5.2.5 机器人仿真与虚拟调试 / 85

    5.2.6 Unity：推出数字孪生工厂 / 86

第 6 章　AI：人机协同，助力智能智造转型升级 / 88

6.1 数智化时代，AI 助力智能智造转型升级 / 88

    6.1.1 思考：AI 是什么 / 88

    6.1.2 发展之路：从弱 AI 到超 AI / 90

    6.1.3 AI 智能化的 3 个层次 / 91

    6.1.4 AI 赋能智能智造，实现智能化生产 / 92

6.2 AI 如何赋能传统制造业技术升级 / 94

    6.2.1 基础层：提供 AI 软硬件资源 / 94

    6.2.2 技术平台层：开发 AI 算法 / 95

目录

　　6.2.3　应用层：让 AI 系统执行智能智造工作 / 98
6.3　AI 催生智能智造新机遇 / 99
　　6.3.1　新生态：平台中心生态与场景中心生态的智能化 / 99
　　6.3.2　新产品：软件、硬件、网络的智能化 / 100
　　6.3.3　新模式：生产模式、服务模式、商业模式的智能化 / 101
6.4　充分了解智能智造市场 / 102
　　6.4.1　上游市场：AI 芯片设计与制造成为焦点 / 103
　　6.4.2　中游市场：计算机视觉与机器学习、深度学习崛起 / 104
　　6.4.3　下游市场：预测性质检与智能运维 / 105

第 7 章　大数据与数据治理：赋能智能智造升级 / 107
7.1　大数据是智能智造的驱动力 / 107
　　7.1.1　思考：大数据在智能智造中的价值 / 107
　　7.1.2　大数据助力制造企业发挥数据价值 / 109
　　7.1.3　思考：智能智造企业如何高效利用大数据 / 110
　　7.1.4　面向智能智造企业的大数据平台 / 112
　　7.1.5　数据采集+实时反馈，助力智能决策 / 113
7.2　数据治理：解决安全伦理保密问题 / 114
　　7.2.1　数据治理的 6 大关键点 / 115
　　7.2.2　数据治理的 3 个步骤 / 116
　　7.2.3　华为：积极探索数据治理的方法 / 117
7.3　智能智造企业的数据治理实践 / 119
　　7.3.1　水务企业：智慧水务的数据治理实践 / 119
　　7.3.2　兰石企业：装备制造业的数据治理实践 / 122

第 8 章　物联网：构筑智能智造竞争力 / 125
8.1　物联网智能化技术概述 / 125
　　8.1.1　物联网智能化发展三阶段 / 125

8.1.2 物联网的核心技术支撑 / 127
8.1.3 物联网实现泛在连接 / 129
8.1.4 智能传感：广泛采集并处理数据 / 130
8.1.5 用友：推出 AIoT 智能物联网平台 / 131

8.2 "物联网+智能智造"的化学反应 / 133
8.2.1 "5G+AIoT"助力智能产品间的相互连接 / 133
8.2.2 帮助消费者做个性化定制 / 134
8.2.3 物联网推动智能家居产品落地 / 135
8.2.4 UPS：物联网与大数据助力智能物流 / 136

8.3 智能工厂：物联网的超级应用方案 / 137
8.3.1 五大标准，体现智能智造工厂的智能性 / 137
8.3.2 智造单元：智能智造工厂落地的抓手 / 139
8.3.3 青岛啤酒的智能工厂 / 140

第9章 云计算：实现数据随用随取 / 142

9.1 智能智造时代，云计算的赋能作用 / 142
9.1.1 云计算的定义、分类以及发展历程 / 142
9.1.2 智造上云是必然趋势 / 146
9.1.3 良品铺子与华为云的跨界融合 / 148

9.2 "智能+"赋能云智造 / 150
9.2.1 基础设施上云助力智能智造升级 / 150
9.2.2 提质增效：传统生产流程升级 / 151
9.2.3 云机器人：智能智造的绝佳推动力 / 153

9.3 数智化技术推动云生态发展 / 155
9.3.1 以边缘计算为基础的分布式云生态 / 156
9.3.2 数据中台在智能智造领域的作用愈发重要 / 157

实战篇 智造方案落地场景 / 160

第10章 产品数智化：产品的全面智能优化 / 161
10.1 产品数智化亟须突破两大瓶颈 / 161
10.1.1 培养产品自主设计意识 / 161
10.1.2 重视数据的深度挖掘 / 163
10.2 产品的精准设计 / 164
10.2.1 将传感器、处理器、通信模块等嵌入产品 / 164
10.2.2 对产品进行智能分拣与包装 / 165
10.2.3 精准完成产品出入库与盘点查询 / 166
10.2.4 借助区块链与消费者共享产品信息 / 167
10.3 产品数智化解决方案 / 168
10.3.1 产品智能化、定制化、多样化升级 / 169
10.3.2 打造高防伪、易溯源的产品智能数字身份证 / 170
10.3.3 对产销渠道进行智能管理 / 171
10.3.4 兆信科技：助力企业实现"一物一码" / 172

第11章 生产数智化：智造高质量爆品 / 174
11.1 关键点：智能生产全流程 / 174
11.1.1 智能设计：采集数据，发现未被满足的需求 / 174
11.1.2 智能制造：虚拟智造方案，指导现实生产 / 175
11.1.3 智能质检：智能机器人承担质检工作 / 176
11.1.4 智能零售：用智能技术优化零售 / 177
11.1.5 智能营销：元宇宙的全景虚拟营销 / 178
11.1.6 百度质检云：智能化产品质检 / 179
11.1.7 沙河特曲：BC端一体化的智能零售 / 182

11.2 升级智能智造设备 / 182
  11.2.1 引入 IT 系统：智能智造升级 / 183
  11.2.2 打造智能智造工业互联网平台 / 184
  11.2.3 形成智能、互联的完善智造单元 / 185
  11.2.4 蒙牛：建立智能质量管理体系 / 185

11.3 智能智造的转型升级与创新 / 186
  11.3.1 以用户价值为核心，进行自动化智造 / 186
  11.3.2 网络智能化协同工作 / 187
  11.3.3 柔性化生产的数智化智能智造 / 188
  11.3.4 ChatGPT 赋能生产数智化 / 189

第 12 章 管理数智化：让管理体系更高效 / 191

12.1 数智化时代的供应链管理 / 191
  12.1.1 采购的智能化转型升级 / 191
  12.1.2 用数智化方法管理供应商 / 193
  12.1.3 智能化管理库存 / 194
  12.1.4 制定智能运输解决方案 / 196
  12.1.5 无人配送：打通供应链末端闭环 / 197
  12.1.6 金蝶：数智化供应链变身创新引擎 / 197

12.2 数智化时代的订单管理 / 199
  12.2.1 对订单数据进行集成化智能管理 / 199
  12.2.2 打造敏捷的订单管理系统 / 200
  12.2.3 智能化交付体系 / 201
  12.2.4 如何应对购物节期间的爆发式订单 / 202
  12.2.5 海尔：优化物流体系，提升供应链效率 / 203

12.3 数智化时代的资源管理 / 204
  12.3.1 人力资源管理创新：重塑人与组织 / 204

12.3.2　CRM助力企业管理客户资源 / 205
12.3.3　设备资源管理的智能化升级 / 206
12.3.4　数智化人才转型升级 / 207

第13章　服务数智化：制造与服务的智能融合 / 209

13.1　数智化时代，服务体系智能升级 / 209
13.1.1　生产型企业向服务型企业转变 / 209
13.1.2　开发智能服务系统，整合上中下游 / 210
13.1.3　做好智能售后管理，及时响应反馈 / 211
13.1.4　食品加工厂如何压缩订单响应时间 / 212

13.2　服务数智化转型升级及定位重塑 / 213
13.2.1　服务方式的创新与升级 / 213
13.2.2　重塑服务人员的定位和能力 / 214
13.2.3　打造智能自动化服务体系 / 215
13.2.4　社群生态智能化运营 / 216

13.3　智能数字人助力服务升级 / 218
13.3.1　智能数字人：交互技术的最佳产物 / 218
13.3.2　AI助力，智能数字人更加智能 / 219
13.3.3　智能数字人助力服务环节 / 220
13.3.4　智能数字人客服实现"无人化"咨询 / 221

参考文献 / 223

基础篇
开启新兴智造时代

第 1 章
智造新风口：从制造到智造

> 随着智能技术的飞速发展以及消费市场的变革，传统的劳动密集型低端制造业以及高能耗、高污染的产业发展模式已经失去进一步发展的空间。唯有推动制造业智能化升级，从制造走向智造，实现制造产业链的全面高端化转型，才能推动制造业的升级发展。

1.1 从制造到智造的进化

制造与智造虽然只有一字之差，但意味着企业发展战略的全面创新。为了实现从制造到智造的进化，企业需要坚持纵横协同发展，从精益化、标准化、模块化、自动化、服务化、个性化、生态化、全球化、数字化、智能化、可视化这 11 条路径出发，全面实现数智化转型升级。

1.1.1 智造的提出与发展

经过数十年的发展，我国制造业水平与相应的技术创新能力已经得到大幅提升。随着创新驱动发展战略的实施，我国制造业的许多领域已达到了国际先进水平，涌现出一批以比亚迪、华为等为代表的制造业领军企业。我国许多制造企业坚持创新驱动发展，同时加大技术研发投入，创新水平不断提高，在许多制造业相关领域，已经从过去的"跟跑者"变成"领跑者"。

在此发展态势下，"智造"的概念被提出，制造业开始由高速增长期向高质量发展期转变。作为转型升级的主体，企业要积极推动制造向智造转变，推动制造业智能升级。

想要推进制造业向中高端发展，第一，要推动创新，整合创新资源，通过建立创新中心，不断提升制造业创新能力；第二，要补齐短板，突破制造业发展瓶颈，重点关注制造业中关键技术水平的提升以及突破，进一步夯实制造业发展的基础；第三，要大力培养智能创新人才，通过企业培训、校企合作、鼓励智能创新等方式，加大对相关智能人才的培养力度。

真正的智能智造，不仅是产业的高级自动化，还要以数据为核心，利用人工智能技术将数据信息作用于制造过程的每一个环节，并创造出独特价值，最终实现智能化、精细化、个性化、定制化、可视化的生产与服务。

发展智能智造是振兴实体经济、促进工业转型升级加速的重要创新，不仅有助于制造企业生产效率的提升以及产品附加值的增加，还能够有效缓解制造业面临的人工成本日益增加的问题，进一步提升我国制造业在国际市场中的竞争力。

1.1.2 关于智能智造的两点思考

智能智造已经成为各企业未来发展的重点趋势，因此大力开发智能智造领域的创新技术，推动企业智能智造落地实践，是各制造企业应关注的重点。

下面将从智能智造的现状与面临的问题，以及如何推动智能智造加速落地两方面展开论述。

1. 智能智造的现状与面临的问题

首先，许多企业特别是中小型企业，不熟悉智能智造技术，无法主动适应智能智造这一新的发展趋势。

其次，智能智造技术的发展不够全面、均衡，往往局限于单一生产环节，无法拓展到采购、销售、售后、物流、服务等环节。

最后，智能智造人才的培养亟待加速。当前，各制造企业都在积极推动传统制造向智能智造升级，然而智能智造领域的人才奇缺，无法形成良好的智能智造产业生态。

2. 推动智能智造加速落地

智能智造不仅是一种能够帮助企业实现降本增效的新型生产模式，还是一种全新的产业升级思维。智能智造的发展，需要整体性谋划与布局，将智能化内化到企业发展的全过程。

在发展过程中，企业需要以智能化的思维解决问题，企业的生产制造、市场调研、需求挖掘、原料采购、产品营销、物流运输、售后处理、服务客户等各个环节，都应当实现智能化、数智化升级。

作为创新主体，企业要抓住发展机遇，准确识别对智能智造发展有利的导向型政策，在新时代实现智能化、数智化升级。

企业要加快培育智造人才，通过校企合作等方式大量培养专业化智能人才，推动智能化人才团队建设，为企业智能智造的发展储备充足的人才资源。

1.1.3 智能智造进化核心：纵横协同

纵横协同发展是智能智造转型升级的核心，指的是纵向深入技术突破、创新智能运营模式与横向完善产业链协同发展。纵横协同能够助力企业全面升级，推动高附加价值业务深入发展；推动产业升级，促进企业各项业务的智能联合发展，实现总体利益的最大化。

纵向深入技术突破，要求企业引入智能人才，组建专业的智能技术团队，不断深入开发相关领域的智能核心技术，促进智能核心算法的优化，实现产品性能的升级。在企业大力发展智能智造的过程中，智能技术水平是企业参与市场竞争的核心竞争力，也是企业能在市场中立足的基础。

纵向创新智能运营模式，要求企业积极挖掘产业链中附加值更高的业务，拓展利润空间，获得更高的经济效益。

横向完善产业链，要求企业拓展智能服务类型，提供多元化智能服务，打造覆盖上中下游产业链的业务体系，实现覆盖产品全流程的智能系统化运营。除了完善产业链外，企业各项业务板块之间应当实现良好的多元一体智能协同发展。

智能化、数智化的纵横协同发展，能够帮助企业快速建立起竞争优势，完善企业的智能化业务结构，推动企业智能智造的可持续发展。

1.1.4 实现智能智造的11大路径

由于各行业、各企业之间的发展基础、管理模式、市场需求、产品工艺、服务样态、运营方式等各不相同，众多企业发展智能智造的侧重点也不尽相同。下面将从11个重点方向入手，详述企业从制造迈向智造的可行路径。

1. 精益化

精益生产这一概念，最早起源于丰田企业的生产管理方式，是为了满足小批量、多品种的个性化用户需求所设计的生产方式。其两大关键性标准就是准时性与智能自动化，这两大标准与当前智能智造的内涵高度契合。

发展至今，精益化理念已经演变为涉及设计、研发、供应、生产、营销、服务等全过程、全价值链的管理理念与方法，为全球制造业的转型升级提供了参考。精益化理念追求最大限度地创造价值，避免浪费，促进生产资源的优化配置，实现效率、质量的双重提升，最大化地满足市场需求。

精益化是企业发展智能智造需要迈出的第一步，而且是投资回报率最高、最关键的一步。精益化生产并不需要企业进行额外投入，企业只需要在现有基础之上，对生产资源进行重新配置，重新规划生产布局，优化供应链管理模式，引入精益化管理方法，就能够实现生产效率的显著提升。

2. 标准化

标准化生产是企业实现智能智造以及生产数智化、自动化的基础。

汽车行业普遍采用通用零部件、共用平台等标准化作业方式，以降低生产成本。通过标准化零部件的批量生产，汽车行业的整车生产与组装变得更加高效，产品成本随之降低。

然而，许多行业还没有实现标准化生产，例如，在通用零部件规格方面，包装纸箱、螺丝钉就存在数十种不同的规格，这会使企业的生产成本提高，生产时间延长。

标准化生产不仅需要行业内企业对通用零部件规格进行统一界定，还要实现作业方式与作业流程的标准化。例如，肯德基、麦当劳等快餐行业巨头，就有着独特的标准化作业流程，这也是其快速出餐、产品品质统一的原因。

假设每个产品的零部件标准都各不相同，作业方式也不固定，那么自动装配、自动焊接的智能化便难以实现，生产速度便难以提升。因此，标准化生产是智能化生产的重要基础。

3. 模块化

从设计、采购到生产，产品制造流程是否实现模块化，是智能智造能否实现以及能否满足个性化消费需求的关键所在。

模块化将产品拆分成具有通用性又具备一定个性化的模块，消费者能够根据不同的消费需求对产品进行自主装配，降低了产品生产各个流程的复杂程度和制造成本，缩短了生产周期。

谷歌曾发布的手机 Project Ara 就是模块化生产的体现。该款手机最为重要的组件是由谷歌设计的包含通信模块与备用电池的手机骨架，而屏幕、处理器、电池等零部件，消费者都能够自行选择，以模块的形式接入，最终组装成一部完整的可供使用的手机。

该项目的意义在于，为消费者拥有真正的个性化手机提供了可能性。消费者能够自由组装自己心仪的产品，使消费者多样化、个性化的消费需求得到满足。

如今，模块化生产的发展还不成熟，由于涉及众多行业复杂的生产标准，因此需要上中下游企业共同参与，协同合作。若想要制定相同的生产标准，推动模块化的发展，就需要各企业之间构建起更加密切的战略合作伙伴关系。

4. 自动化

在智能智造领域中，自动化生产被理解为"机器换人"的技术创新。在进行自动化生产转型升级的过程中，企业需要引入机器学习、深度学习等技术，提升机器作业性能，实现生产流程的自动化、无人化。

随着技术的不断进步以及人力成本的不断增加，自动化生产必将成为未来制造企业转型升级的趋势。企业需要切实结合自身生产情况，在充分考虑投资回报率的情况下规划合适的转型方向，优化生产流程。

5. 服务化

由于消费者购物习惯的变化以及企业内生需求的变革，服务化转型升级已经成为许多企业的当务之急。

服务化转型升级能够为企业带来更多的价值变现，例如，通用电气公司通过工业互联网与大数据分析技术，为大型航空公司提供运营服务，帮助其一年节约超过千万美元的燃油成本。从单纯的硬件供应商转型升级为增值服务提供商，通用电气公司不仅实现了客户价值的最大化，也拓展了新的发展道路。

各个行业的企业都能够通过服务化转型升级实现智能智造。例如，提供电梯设备的企业能够依靠电梯的维护收取服务费；医疗产品制造商能够通过对消费者健康大数据的收集与分析，为消费者提供健康调理方案；而提供智能电网设备的企业，能够通过提供节省用电成本的服务向消费者收取相应的费用。

在当前制造业转型升级的时代背景下，传统的制造企业需要不断创新自身的制造模式，通过服务化转型升级来拓展企业价值与盈利空间。

6. 个性化

当前，在越来越多样化、个性化的消费需求的引导下，企业的生产也需要向个性化生产转变。

戴尔是一家十分注重个性化生产的企业，通过直销模式，戴尔支持消费者直接通过互联网或电话的形式进行下单，消费者能够自主选择感兴趣的主板、中央处理器、图形处理单元、硬盘、屏幕等配件。戴尔会根据消费者的订单进行个性化定制，最大限度满足消费者的个性化需求。

个性化生产能否实现，取决于企业精益化、标准化与模块化发展程度的高低。个性化要求更高的品质与更低的成本，企业唯有实现精益化、模块化与标准化生产，才能实现个性化生产。同时，正如上文提到的谷歌的 Project Ara 手机项目，模块化与标准化生产是实现个性化生产的基础。

就现阶段发展情况来看，各行业的各种产品，如汽车、电脑、手机等，都需要在现有的、规定的范围内，进行有限的个性化生产。每个企业在提供个性化定制产品与服务的过程中，都要结合实际情况以及自身的精益化、模块化、标准化发展水平。

7. 生态化

在实现产品制造生态化方面，苹果是做得最成功的企业之一。利用 Mac 电脑、iPad、iPhone、Apple Watch 等智能终端，IOS 操作系统，iTunes、Facetime 等苹果专属 App，苹果形成了自身特有的产品生态系统，实现了设备与设备、设备与人、人与人之间的互通。通过发展产品生态化，苹果获得了长期且稳定的收益。

腾讯打造了开放式平台生态系统，发展至今，平台接入的应用已超过 400 万个，平台合作伙伴的分成收益十分庞大。

小米借鉴了苹果的产品生态构建方式，通过硬件、软件与应用生态的连接，打造一体化、全覆盖的产品生态系统，在创新用户体验的同时，也使企业的市场估值大幅提升。

在互联网时代，开放共享、合作共赢已经成为企业发展的趋势，企业之间的竞争逐渐向生态系统乃至供应链之间的竞争转变。尤其是网络与信息行业中的企业，互相竞争未必有利，结成同盟反而能合作共生。

8. 全球化

当前世界市场已经实现互联互通，当企业发展到一定规模时，就需要通过全球化战略来优化资源配置。

全球化资源主要包括设计资源、生产资源、采购资源与市场资源。全球化背景下的设计资源，可在科技先进的国家设立技术研发中心，以弥补自身设计能力的缺陷，缩短产品研发周期，例如，联想、海尔、华为等知名企业，都在国外设立了研发机构。

生产与采购资源的全球化，指的是在全球寻找成本更低、品质更佳的物资供应地，例如，人口较多且人力成本低的国家，是制造企业转移的目的地。

制造企业在追求全球化的过程中，需要考虑制造与采购成本、运输成本、供应链复杂化、交货周期拉长、当地政策等多方面问题，以在最大程度上实现资源的优化配置。

9. 数字化

数字化与自动化相同，都是智能智造转型升级的技术体现。随着智能技术的发展，万事万物都能够实现数字化，人与人、人与设备、设备与设备之间都能够互联互通。

"工业4.0"就是工业制造的信息化、数字化与智能化，智能技术与制造技术结合催生的智能工厂，能够使生产变得更加弹性化、自主化与个性化，显著提高资源利用率与生产效率。

各个行业实现数字化的先后顺序不同，流程化的制造行业，如化工、电力、造纸、食品等，大部分制造工序已经实现高度自动化，且设备数据能够自动被采集，因此实现数字化的难度较小。

而那些离散型制造行业，如电子电器、家居用品、机械装备等，由于生产零部件、制造工序都较为分散，实现连接的难度较大，成本也较高，因此其数字化要逐步推进，先使主要工序与物料之间实现数字化连接，再逐步进行机器学习和深度学习。

10. 智能化

智能化包含两个层面，一个是产品功能的智能化，另一个则是生产过程的智能化。

市场对智能化产品的需求越来越旺盛，智能技术的发展为消费品与工业品的创新升级提供了方向。

消费品的智能化往往是传统产品与智能技术的结合，如智能电视、智能手机、智能汽车、可穿戴设备等。企业需要不断进行技术创新，加大对产品智能化开发的投入，例如，美的、格力、海尔等著名电器公司，都在智能电器业务方面积极布局。

工业品的智能生产，是把智能控制模块融入设备中，对加工数据进行自动采集与分析，通过智能软件系统对工业大数据进行运算处理，帮助企业减少故障，自主调控优化，提高效率，降低能耗。

生产过程的智能化与上文提到的精益化、模块化、标准化、自动化、数字化息息相关，但智能化需深度学习，投入更高，难度更大。

海尔的智能化能力十分突出，其围绕热水器、热泵等产品，建设了智能工厂，通过精益化布局与物流设计，实现了整体性的智能生产。该智能工厂导入自动焊接线、装配机器人、AGV（Automated Guided Vehicle，自动导引运输车）等50个自动化项目，将物流运输的自动化率提升至80%，使仓库到生产线的物流配送，实现自动化。同时，通过IMES（Intergratable Manufacturing Execution System，可集成制造执行系统），该智能工厂将设计、研发、制造与物流环节紧密连接，实现互联互通。

海尔的智能工厂从设计到建成投产历时一年，实现了产能的两倍提升，工作人员数量减半。

11. 可视化

作为一种高端技术，可视化技术能够实现与人互联互通，从而提高生产能力，在智能智造过程中起着重要作用。可视化能够解决生产过程中许多问题，例如：工作人员对车间生产状况难以及时掌握、生产信息化程度低、生产细节难以监控等。可视化技术应用范围广泛，能够在生产、仓储、物流等诸多环节起到积极作用，使智能智造工厂向着精细化管理发展。

可视化是通过运用计算机技术、将数据转化为图像或图形的过程，是一种能够将现实世界真实再现并具有实时交互能力的技术。将信息可视化技术与仿真技术结合起来，能够进行可视化仿真，生成在视觉、听觉、触觉等各方面与真实世界相似的虚拟环境，从而使工作人员能够利用相关设备，对生产过程中的一系列流程、数据等进行实时监控，实现信息交互，提高工作效率。

在智能智造的生产过程中，可视化技术能够将分散的数据信息进行整合，使用户快速获得所需信息，并显示出数据间的走势、逻辑等关系，直观展示出数据的趋势变化，还能够在数据出现异常波动时及时预警，为企业理解产品生产状况、及时采取决策等提供帮助。

可视化技术，还能够保障企业安全生产。在智能车间中设置可视化大屏，能够三维模拟当前的生产环境，并对车间生产、厂区监控与仓储运输等区域实现全面监控，使工作人员能够时刻掌握产品生产车间的生产与运输状况，避免生产中可能出现的风险问题，打造高品质车间生产。

智能智造是一个复杂、精密的系统，每个企业都需要在发展过程中不断探索适合自身的发展模式，在这 11 个方面不断创新，实现重质量、轻速度的发展。

1.2 智能智造新风口，势不可挡

为了实现智能智造转型升级，企业须坚持发展数字经济，促进数字经济与实体经济的融合，开发应用工业软件以升级传统制造业，着力于优化资源配置、开展产学研合作、加强智能技术创新等，以驱动智能智造的发展。

1.2.1 数字经济助力智能智造发展

制造业正处于智能技术发展升级的关键时期，也是发展智能智造的重要战略机遇期。工业互联网成为制造企业数智化转型的新动能，因此企业必须抓住工业互联网转型升级的风口，实现制造业的智能升级。

以工业互联网为代表的数字经济发展模式,是新一代智能技术与制造业紧密融合的产物,是企业实现智能智造的超级引擎,也是智造产业进行供给侧结构性改革的有效方法。

制造与智造虽然只有一字之差,却是制造业在发展格局上的跃升。有关企业与部门要积极推动制造业转型升级,使数字经济赋能高质量的智能智造产业发展。

数字经济是指将数据资源作为一项关键生产要素,以高度发达的现代信息网络为载体,以智能技术的应用作为产业效率提升与结构优化的重要手段,也是一个将有关信息与商业活动进行数智化处理的全新智能经济系统。

在发展前期,数字经济依赖于互联网多年发展积累的大量数据;在转型阶段,则着力于对数据的深度挖掘和融合应用;在创新阶段,则着力于网络化重构与数智化转型升级,从而推动企业运营流程加速实现智能化。

中小型企业须积极挖掘数字经济深刻内涵、培养智能人才、大力投入科研资源等,以全面发展数字经济。

数字引力科技有限公司来自安徽,是一家以技术创新与管理咨询双轮驱动,为各种企业提供工业数字化相关服务的科创企业。该公司应用无代码开发技术,提供精益化企业管理咨询服务,能够满足中小型企业在数智化发展过程中的定制化服务需求,使中小型企业能够以较低成本发展数字经济,促进制造企业的数智化转型升级。

1.2.2 大力推动实数融合

实体经济是国民经济稳定增长的根本。随着数字经济发展速度不断加快,运用智能技术赋能实体经济,促进数字经济与实体经济融合,已经成为产业发展的大趋势。

实数融合能够促进实体经济高质量发展,云计算技术与人工智能深度学习算法能够对物联网等终端采集的数据进行整合分析,并与各行各业的行业规则、业务流程、决策机制等进行深度融合,从而形成各行业运行的数智化、智能化解决方案。

企业可以通过以下 4 个手段促进实数融合，如图 1-1 所示。

坚持价值导向，积极转变认知

打造坚实的数字底座

培养数智化人才

实现协同发展

图 1-1 实数融合的 4 个手段

第一，推动实数融合，企业要坚持数字经济为企业创造价值的核心导向，积极转变认知，构建数智化思维。企业要将数字技术作为生产力，引入企业生产全流程，同时加强对数字技术的应用，将其定位为企业的价值投资，积极开发与应用。

第二，企业要打造坚实的数字底座，将数智技术与自身业务场景进行深度融合，不断创新数智技术在业务流程中的智能化应用。在发展过程中，企业要积极进行数智化建设与布局，打造数智化的基础设施。

第三，企业要大力培养数智化人才，组建专业的人才团队。同时，企业要注重自身企业文化建设，通过制定规则、奖罚激励、开展活动等方式，营造出良好的创新环境与创新氛围，建设由数智化驱动的创新文化。

第四，企业要通过与优秀智能技术服务商建立合作伙伴关系实现协同发展，加速企业智造转型。随着工业互联网的发展，开放、包容、联合、协作成为产业数智化发展的趋势，企业要积极寻求外部协作，实现合作共赢。

作为一个横跨线下实体店、互联网、泛家居3大领域的新兴企业,艾文凯迪网络科技有限公司一直致力于服务实体经济,通过自身强大的数智化技术研发能力与供应链整合能力,专注于帮助泛家居行业企业进行数智化转型升级,为其提供新零售数智化升级方案,带动产业链源头工厂进行实数深入融合,创造附加值。

1.2.3 工业软件颠覆传统制造业

工业软件指的是专门为工业生产制造设计的应用软件,大致可以分为两种类型:一类是能够植入生产设备或硬件产品中的嵌入式软件。这类软件可以细分为应用软件、嵌入式数据库、开发工具、操作系统等,它们能够被植入生产设备或硬件产品的系统中,对生产设备与系统进行数智化、自动化的管理、控制、运营与监测。

另一类软件是对生产制造过程中的各项业务进行智能化管理的工程软件,不同工业领域有不同的专用软件。例如,PLM(Product Lifecycle Management,产品生命周期管理)系统能够实现对产品从研发到设计、生产、流通等各个环节的全生命周期智能化管理;各种计算机辅助应用,如辅助设计、辅助分析、辅助制造等,能够使企业的生产和管理过程实现网络化、数智化。

工业4.0的发展使工业软件被大范围应用到制造业的各个流程中,一些工业软件具有智能学习、自主管理、自主决策的功能,给制造业带来颠覆。工业软件的应用从企业管理、生产管理、产品设计、供应链管理这4个维度出发,大幅提升各工厂、车间的工作效率,不断优化企业的生产流程。

各种各样的工业软件与数据处理系统能够将各种呈分散状态的信息进行汇总分析,缩短产品的生产周期与交货周期,满足更加个性化、多样化的客户要求,为企业的生产制造带来颠覆性变革。

工业软件是智能系统发展的基础,其赋予智能系统5个典型特征:自主学习、智能执行、自主决策、实时感知和状态优化修正。

自主学习使智能系统在运行与反复作业过程中,能够通过机器深度学习,不断提升系统的智能性。

智能执行指的是工业软件能够使智能系统对企业的生产研发、运行状态、外部需求等进行及时、快速响应,使智能系统具备快速智能优化的能力。

自主决策指的是借助工业软件,智能系统能够按照预先设定的规则,结合数据分析结果,自主进行判断与决策。

实时感知指的是智能系统能够快速感知产品制造过程中实时产生的状态数据,并反馈结果。

状态优化修正指的是智能系统能够准确感知系统内外部的实时状况,并根据实际需要进行自主优化。

工业软件的智能化变革,正在推动制造业快速发展。企业要积极推进智能工业软件在产业升级过程中的应用,推动工业软件与智能智造紧密融合。

1.2.4 智能智造转型升级:三轮驱动力量

当前,新一轮科技革命进程加快,各行各业都在进行数字化、网络化、智能化。这对各企业来说,既是机遇,也是挑战。

制造企业想要实现智能化转型升级,关键在于提升智能技术创新能力,增强国际市场竞争力。推动智能智造转型升级的三轮驱动力量如图 1-2 所示。

图 1-2 智能智造转型升级的三轮驱动力量

首先,企业应当优化资源配置与产业结构,夯实产业发展基础。在智能化转型升级过程中,企业需要将发展重心更多地转移到设备、流程、管理等环节的创新上,通过产业资源的合理配置与产业结构的优化升级,建设完善的智能化产业链与供应链，进一步夯实发展基础。同时，企业要明确自身特有的核心优势并不断强化，从而在市场中占据有利地位。

其次，企业应当积极开展产学研合作，建设智能技术研发团队。智能人才是企业发展、进行技术创新的基础，企业需要充分利用专业科研机构、高校的人才培养优势，通过建立智能人才培养基地、智能技术中心，不断加强产学研合作，提升合作的层次与水平。

最后，企业应当不断强化智能技术创新能力，提升自身的智能技术水平。对于发展智能智造的企业来说，智能技术水平是最关键的生产要素。企业要促进重点项目的智能技术不断升级，有效发挥智能技术对产业结构调整的促进作用。只有不断探索开发核心智能技术，企业才能始终占据市场优势地位，增强企业的品牌影响力。

1.2.5 应对数智化时代，企业要积极转型升级

在数据与智能技术驱动发展的新时代，人类与万物的互联互动呈现出数智化的特点。不能顺应时代发展潮流的企业，注定会落后。为了应对数智化时代带来的挑战，企业要积极转型升级。

第一，在当前数智化转型升级的大背景下，人们的生产方式、生活方式、思维方式、行为方式、交往方式等都呈现出全新的特点。在商业领域，企业的生产关系、生产力要素、经济活动等逐渐实现数智化重构，整个社会的生产和服务方式走向全面数智化。企业的数智化转型升级，已经成为顺应市场运行规律、实现更好发展的必然选择。

第二，数智化转型升级是企业降本增效的有力手段。互联网与云端将大量技术资源与服务集中起来，数智化服务平台能够显著提升企业运营效率，产生经济价值。基于互联网产生的各类云服务平台，能够使企业以较低成本享受到先进的信息技术服务与应用，从而使企业能够顺利进行数智化转型升级。

数智化技术的应用遵循边际效益递增规则，应用规模越大，获得的效益越多。

随着数智化技术的不断使用与优化,其能够创造的价值也越大。相关研究数据显示,通过数据驱动运营的企业,在实现智能化生产的同时,其各生产制造环节也能够实现高效协同,生产力普遍提升5%～10%。

第三,数智化转型升级能够提升企业的市场竞争力,帮助企业探索新的市场机会,打造全新商业模式,在市场中占据有利地位。

数智化转型升级还能够解决消费信息不对称的问题。消费者感知价值最大化成为当前市场发展的导向,越来越多的企业开始以消费者为中心进行转型升级,将消费者的实际需求作为产品设计、开发与生产的出发点与落脚点。

智能智造要求企业将制造能力、数智化能力、服务能力有机结合起来。企业需要具备智能技术的研发能力,也需要具备更加先进的服务能力,这样才能获得消费者的青睐,提升市场竞争力。

1.3 痛点分析:智能智造之路,亟待全面强化

智能智造转型升级是不可逆转的发展趋势,但是在企业的数智化转型升级过程中,存在许多痛点。企业的智能智造之路,亟待全面强化。

1.3.1 生态需协调,贸易环境需改善

开放、包容、共享的贸易环境是智能智造发展的前提,为了推动各行业企业数智化转型升级,智能智造的生态环境需要被改善。

从内部环境看,无论是技术环境还是文化环境,都要形成积极创新的氛围。管理人员与普通工作人员需要对智能智造有深度的认识,这样才能在企业中全面推进智能智造转型升级。

数据是实现智能生产的重要资源,企业需要对数据伦理、数据保护、数据交易、数据利用等方面加以制约,维护数据安全,在激烈的市场竞争中形成独特的数据优势。

从外部环境看，产品与技术的进出口贸易，以及世界资源的优化配置，是企业数智化转型升级的重要驱动力。当前国际市场的贸易环境需改善，国家之间的开放程度不够高，进出口贸易常受到阻碍，这些会对企业的智能智造转型升级造成阻碍。

因此，国家之间应当进一步提高开放程度，积极推进先进智能技术、人才之间的交流以及产品的进出口贸易，通过合作实现互惠互利。

融资渠道狭窄是很多中小型企业智能智造转型升级的重大阻碍。企业融资渠道主要包括融资租赁、银行贷款、海外融资、企业债融资、股票融资等。

由于银行等金融主体与中小型企业之间存在信息不对称的问题，很难对企业的资金投向进行有效监管，且中小型企业经营风险较高，极易出现资金链断裂、经营失败甚至破产等问题，所以以银行为首的各种海内外金融机构不倾向于为这一类企业提供贷款。

除了向金融机构寻求融资外，企业还可以在资本市场中筹集资金。然而，企业债的发行主体主要为大型企业，而股票融资存在市场有限与要求较高等问题，导致中小型企业融资较为困难。

中小型企业是发展智能智造的重要主体，为了优化中小型企业的发展环境，相关部门需要建立与中小型企业适配的融资体系，整合相关资源，通过运用相应的金融工具、政策倾斜等方式，协助中小型企业突破融资方面的瓶颈。

1.3.2 智能智造型技术人才不足

企业数智化转型升级对智造型技术人才具有极强的依赖性，随着智能设备的大量铺设，智能智造型技术人才不足将掣肘企业智能智造转型升级。

当前高精尖智造型技术人才缺乏，企业需要有意识地开展智能型技术人才的培养、挖掘与引进。

智能智造领域的技术人才应当具备多方面能力，包括全球化能力、科学逻辑能力、理论应用能力、持续增长能力、商业视野与管理能力等。

在培养智能智造所需的技术人才方面，高等院校需要突破传统教育的局限，使人才教育与时代发展同频共振，提升教学水平，并及时更新教材内容、教学方式、教学设备、教学实例等。

产教融合是培养智能智造型技术人才的重要手段。科研院所、高校与企业要积极展开合作，搭建先进、完备的人才培养平台，打造学习工厂，推动产教融合，将学习过程融入生产过程中，使智造型技术人才对相关技术的理论学习能够与工业生产实践对接。

企业需要积极开展国际合作，引进智能智造领域的技术人才，并通过加强培训、实行激励制度、形成创新氛围等方式，打造先进的智能智造型技术人才队伍。

1.3.3　数据安全保障能力需要提升

在实现智能智造的过程中，数据资源是最重要、最关键的生产要素。同时，数据资源也是当前新工业革命中的核心内容。

借助海量的数据资源，企业能够运用大数据技术进行用户脸谱分析，并绘制用户画像，以此来预测用户的消费偏好与购买趋向。数据资源能够帮助企业挖掘市场需求，使企业根据市场需求进行产品的研发与生产，实现精准生产与精准营销。在发展过程中积累的大量数据资源，能够为企业智能、科学决策提供数据支撑。因此，数据资源是各个企业的特有资源，也是企业打造核心竞争力的关键。

所有的数据资源都以数字化的方式呈现，并且往往具有数量庞大的特点。如果企业的数据防火墙被黑客恶意攻破，那么企业的数据安全以及生存发展就会受到威胁。当前对于数据安全保障的法规制度亟待完善，以保障数据安全。

1.3.4　霍尼韦尔：智能智造先锋

霍尼韦尔（Honeywell）是一家世界级高科技企业，拥有一系列行业领先的智造解决方案与智能技术。其业务涉及广泛，包括特殊材料、涡轮增压器、汽车与航空产品、家庭与工业控制技术、楼宇等，是一家拥有精益化、智能化生产能力

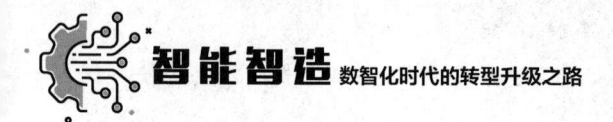

的高端制造企业。

霍尼韦尔始终专注于互联化发展，并将其视为企业的核心发展战略。在进行数智化转型的过程中，该企业坚持互联工厂解决方案，通过提升数据分析能力与软件开发能力，不断提升自身的产品质量与服务品质，给用户带来优质体验。

霍尼韦尔的互联工厂解决方案，为许多制造企业进行数智化转型提供了方向。该方案能够结合各企业在工业流程上的沉淀与技术优势，通过人员、资产与过程的互联互通，打破企业发展的信息孤岛，为整个工厂与车间的生产运营提供全方位的优化方案。霍尼韦尔助力制造企业在实操过程中更好地运用数据资源，使企业实现安全、高效运营。

霍尼韦尔始终走在技术研发的前沿，创新是霍尼韦尔在百年发展历程中不断进步的重要驱动力。霍尼韦尔的创新解决方案，使其突破发展环境的制约，成为智能智造领域的先锋企业。

第 2 章

大国博弈：智能智造走向全球

> 制造业是每个国家的立国之本、强国之基，各国对于制造业的发展应有更高要求。随着智能技术的快速发展，制造业转型升级成为全球趋势，智能智造发展下的大国博弈从未停止。中国、德国、美国、日本都是制造业强国，在大国博弈的背景下，如何加快智能智造升级、增强国际竞争力，成为四国皆关注的重点问题。

2.1 德国：吹响工业 4.0 的"号角"

作为传统的工业强国，为了引领全新的产业变革，提高国际竞争力，德国率先提出工业 4.0 高科技战略计划。通过成立工业互联网平台、统一生产标准等，德国实现了智能智造转型升级。

2.1.1 智能技术革命下的制造业升级

"工业 4.0"的概念在 2011 年举办的德国汉诺威工业博览会上首次被提出。该概念的核心在于实现"智能化+网络化"的工业生产，即通过 CPS（Cyber-Physical

System，信息物理系统）打造智能工厂，以实现智能智造的目的。

在新一代信息技术发生变革的同时，各国纷纷提出制造业发展的新理念，如能源互联网、工业互联网、数字化制造等。

作为传统的制造业强国，德国需要既能承接传统制造业发展思想，又能推动制造业智能化的全新发展理念。因此，德国提出工业4.0的发展理念，助力制造业不断升级。

CPS系统是工业4.0的核心，它建立于高度发达的信息与通信技术之上，通过部署大量传感装置，对生产过程中的数据进行采集，而后通过IT控件自主化，将其嵌入各种制造设备中，实现制造设备智能化。发达的通信技术使数据高速传输，软件系统赋能设备之间的信息处理及指令发送，使生产过程实现智能化。

工业4.0是建立在德国传统的生产制造优势与信息技术优势之上的，未来的制造业将呈现出高速、高效、智能化的发展态势。

2.1.2 成立工业4.0平台

工业4.0平台是德国为了推动工业数智化转型升级而建立的核心网络平台，其能够在工业、商业、科技等领域，以及工会与协会之间，协调信息并提供合作对接服务，为各种类型的企业提供工业4.0落地应用方案。

工业4.0平台的重点工作主要包含以下4大板块。

（1）工业4.0平台为企业提供具体的行动建议。为了使各制造系统之间能够流畅沟通，平台设定具有全球约束力的行业规则与标准。工业4.0平台构建起一个完整的架构模型，设定了纵向、横向信息技术融合与产品全生命周期的标准目录，将工业4.0涉及的主要生产要素融入模型，为来自不同行业的企业提供统一指导与决策建议，对"德国制造"的国际化、标准化做出贡献。

（2）工业4.0平台有利于产生更多创新性想法与倡议。互联互通、反应敏捷的工业4.0平台能促使平台成员之间进行深入交流沟通，在协商过程中，成员会不断产生新想法，激发创新活力。例如，"工业4.0实验室网络"与"工业4.0标准化理事会"两个新平台,就是在工业 4.0 平台不断发展完善的过程中被成员提出的创新想法。

(3)工业 4.0 平台促进国际合作的达成。工业 4.0 平台是面向全世界的工业智造平台,对于各国工业智造转型升级来说都有着极大的积极意义。国际合作对于工业 4.0 的发展十分重要,对工业标准化的影响尤为明显,例如,工业 4.0 平台与美国工业互联网联盟的合作,能够推动全球制造业标准化进程,助推德国工业 4.0 不断发展。

(4)工业 4.0 平台大力支持德国制造企业的发展。工业 4.0 平台为德国各种类型的企业提供数智化转型升级解决方案与技术支持,有利于提升德国制造业发展水平。

2.1.3 深耕智能智造技术

实现制造业的数智化转型升级,不仅需要自下而上的技术驱动,还需要自上而下的业务驱动,从而促使智能智造技术在众多业务场景中落地应用。这些实践是获得新产品与服务、问题解决方案,实现生产制造标准化的基础。

从业务全流程场景出发,德国工业 4.0 平台构建了 VBS(Value-based Service,基于价值的服务)工业 4.0 子体系。其通过工业互联网技术,进行数字化、智能化的制造升级,这体现了德国对智能智造技术的深耕。

VBS 的应用场景基于一个创新假设,即假设未来产品的交付将连接到服务平台,产品供应商能够通过该平台获取客户对产品的反馈数据,从而根据客户反馈为其提供相关的增值服务。该应用场景引入两个新的业务角色,即数据驱动型的产品供应商以及服务平台运营商,新业务角色的引入使产品服务系统更加完善。

德国的许多企业都深耕智能智造技术,例如,德国万可(WAGO)专注于核心智能技术的创新开发,为众多企业提供了智能化转型升级解决方案。

WAGO 通过打造更加智能化、网络化的生产线,对现有的工业流程进行联网并上云,搭建起高效、智能的智慧工厂。例如,WAGO-I/O-SYSTEM 750 智能化解决方案能够自动采集与记录数据,并将数据传输到产品管理系统与制造执行系统中,通过大数据技术对产品进行智能分析,使决策的制定更加快速、智能、科学。

在智能智造成为发展趋势的当下,德国还有许多企业和 WAGO 一样,坚持深耕智能智造技术,专注提升智能智造能力,助推德国快速实现技术突破,使相关产业实现智能化升值。

2.1.4 统一生产标准,实现"即插即生产"

AAS(Asset Administration Shell,资产管理壳)是德国工业 4.0 的重要概念,AAS 的本质是给工业设备与资产加上数字化模型的"壳",从而实现资产之间的高效信息交换。AAS 使硬件设备成为服务提供者,依托于工业软件,硬件设备能够提供服务、实现请求。

在工业 4.0 的概念中,原本的生产加工过程转变为智能系统的数据流、控制流和信息流。这些数据流、控制流、信息流符合产业统一化标准,当所有生产设备都加上统一标准的 AAS 后,就能够实现"即插即生产"的目标。

例如,在具体生产场景中,当生产设备接入 AAS 后,通过使用 PLC(Programmable Language Controller,程序语言控制器)与机械臂,能够实现 CNC(Computer Numerical Control,数字控制机床)的自动上下料。

在此过程中,控制器程序能够向 CNC 管理壳自主发出请求,如加工单个铝外壳,此时"加工铝外壳"即为一种服务。当 CNC 完成"加工铝外壳"这一任务后,机械臂管理壳能够自动完成"取走加工完毕的铝外壳并放置于成品托盘上"的服务。借助 AAS,整个流程实现高度自动化。

AAS 的部署对象很广泛,如现场设备传感器、PLC、伺服驱动器、ERP(Enterprise Resource Planning,企业资源计划系统)、MES(Manufacturing Execution System,制造执行系统)、设备中的主控器等。在构建数智化的制造系统的过程中,企业能够根据生产环节转型升级的实际情况与运算能力,灵活选择 AAS 的部署对象。

2.2 美国：智能智造领域的先行者

金融危机过后，制造业成为美国振兴经济的主要抓手。美国智能智造的发展注重顶层设计，重塑工业系统，提倡制造业创新升级。同时，美国致力于建立多层级的人才培养机制，为智能智造的发展储备充足的高端人才。

2.2.1 收购事件频繁，传统企业的生存危机

近年来，针对美国传统企业的收购事件频繁发生，其中，美国梅西百货公司被收购的事件，十分具有代表意义。

梅西百货公司是美国的一家大型连锁百货公司，曾被媒体誉为"世界最大商店"，其销售额长期位于美国传统零售百货企业的前列。然而，随着时代的发展，梅西百货、潘妮百货、西尔斯百货等实体零售企业的业绩都出现了下滑，美国传统实体零售业呈现凋敝状态。

梅西百货被收购在一定程度上表明美国传统企业面临生存危机，主要原因有以下几个方面。

一是互联网电商平台的发展挤占了实体企业生存空间，更为方便的线上购物与低廉的价格吸引了大量消费者向线上转移。例如，在传统百货企业业绩下滑的同时，亚马逊等电商企业却发展迅速。

二是随着人力、房租等成本的上涨，传统实体企业的运营成本越来越高，收入与成本之间的差额越来越小。梅西百货公司这类占地面积大的传统企业，面临的成本压力是巨大的。

三是企业转型升级速度慢，与时代要求脱节。梅西百货虽然也开通了网上购物渠道，但整体水平依然与亚马逊等电商存在较大差距，在竞争过程中，逐渐丧失市场优势。

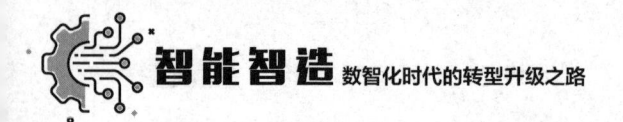

对于以梅西百货公司为代表的传统企业来说，唯有积极进行智能化转型升级，不断进行理念、生产、技术、模式、管理、营销、服务、架构等各方面的创新，才能从生存危机中开辟新的发展路径。

2.2.2 提倡制造业智能创新，重塑工业系统

制造业是国家经济发展的根本，在国家工业化发展进程中占据主导地位。随着人力资源成本不断攀升，美国在国际市场中的竞争力不断下降。

为了解决这一问题，美国开始提倡制造业的智能创新，期望通过重塑工业系统实现制造业的回流。许多跨国企业响应了这一号召，例如，苹果、通用电气等公司纷纷宣布把生产制造业务从亚洲迁回美国。通用电气公司还表示将有可能把外包给印度公司的软件开发相关工作迁回美国。

仅靠成本优势很难吸引制造业大规模回流，美国为了使本国制造业能够重新在国际市场中占据优势地位，依托科技创新，实现制造业智能化转型升级，重塑工业系统，升级工业发展模式。

美国重塑工业系统涉及的关键性技术包括添加制造、纳米技术、新材料、数字平台、数字孪生、云计算、人工智能等，在这些关键智能技术领域，美国仍占据优势地位。未来，美国仍会专注于在智能技术领域中积累优势，推动工业生产体系向着智能化、自动化、个性化方向转型。

制造业智能创新能够全面提升美国生产制造能力，使制造业重新成为美国的优势行业。

2.2.3 建立多层级的智造人才培养制度

智造人才资源是制造业创新发展的关键，美国十分重视智造人才，建立了多层级的智造人才培养制度。

美国智造人才培养制度主要包括3个方面，如图2-1所示。这一智造人才培养制度不仅能够保证美国的制造企业始终拥有庞大的高素质人才后备资源，还能

够使美国制造企业创新氛围更加浓厚，激发智造发展活力。

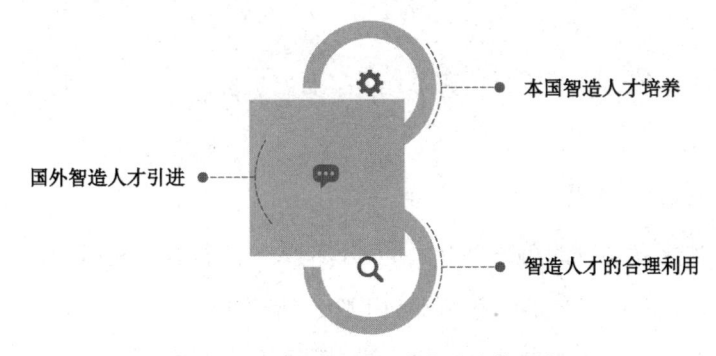

图 2-1 美国多层级智造人才培养制度

1. 本国智造人才培养

在美国的智造人才培养制度中，最主要的方面就是本国智造人才的培养。

美国的一些企业积极与高校展开合作，将高校视为培养高水平智造人才与科技创新的重要基地。企业通过产学研合作、建立培训基地等方式在高校中积极选拔优秀智造人才，并为其打造有利的发展环境。为了培养智能智造领域的复合型人才，企业不断加大投入，及时更新与高校合作的教育基地的仪器与研究设备，使高校成为企业从事研究与培养智造人才的"摇篮"。

此外，一些企业重视员工的继续教育与培训，在这方面进行大力投资。通过对员工进行技术培训，员工能够更好地适应产业智能化升级趋势，能够为企业开发高科技产品、保持科技领先、提高产品质量、提升企业竞争力做出贡献。

例如，IBM 公司每年都对 130 万人次进行继续教育，通用汽车公司建造了美国最大的人力资源开发基地，福特公司每年开设将近 2 000 项不同的人才培训课程等。

2. 国外智造人才引进

在重视本国智造人才培养的同时，美国的一些企业还采用各种手段，极力吸引全球范围内的高素质智能智造人才加入。

一些企业通过聘用外国专家学者、与他国企业开展国际合作等方式，不断吸

纳外国高端智造人才，使来自世界各地的人才源源不断地流入企业中，助力其智能智造的发展。

此外，美国的一些跨国公司在海外设立研究机构或分公司，大力吸纳他国智造人才。

3. 智造人才的合理利用

美国人才培养制度的第三个方面是对智造人才进行合理利用，充分发挥智造人才的价值，使智能人才的创新精神与工作热情转化为企业利益。

在合理利用智造人才方面，企业应注意以下几个方面。

（1）量才应用，适性扬才。企业应注重高端智造人才所具备的才能与特质，为其匹配最合适的岗位，这样一方面能够充分发挥智造人才的价值，另一方面能够使其带来的利益最大化。

（2）根据智造人才的工作业绩及时给予其正向反馈。在美国的一些企业中，员工的个人能力只要得到充分证明，工作业绩突出，就能够快速获得晋升，而无须通过工作年限获得晋升资格。对于优秀员工，一些企业还会向其提供额外资源，使其个人能力得到进一步提升。

（3）为科研人员提供优质工作环境与科研条件。企业应为科研人员配备最先进的研究设备，提供优质的后勤保障以及充足的科研经费，使科研人员能够将自身精力充分集中于智能技术的研发。

（4）用高薪激励智造人才发挥才能。为了保证自身大力培养以及从世界各地引进的高端智造人才不会流失，一些企业采用高薪留人的策略。除了高额薪资外，许多美国企业还采用股份、期权等方式，对高端智造人才进行激励，并且规定在一定时间内不可转让股份。这样一方面能够激发智造人才的工作积极性，另一方面也能有效避免智造人才流失。

2.2.4 诞生一批独角兽智能智造企业

独角兽企业指的是成立时间少于 10 年且市场估值超过 10 亿美元的未上市企

业。这个概念兴起于美国，并在短时间内迅速传播开来。独角兽企业被视为经济发展的重要风向标，主要聚焦于高新科技、互联网与高端制造领域。

按照创新形态划分，独角兽企业主要分为平台生态型与智能技术驱动型。

平台生态型独角兽企业主要是通过互联网平台进行运营，核心理念是借助平台实现共享，不进行实体经营。而智能技术驱动型独角兽企业主要是以智能技术为驱动力的高端制造企业，大多具有很强的创新研发能力和自然垄断特征，能够体现出自身的独特差异。而这些企业依赖的智能技术主要包括区块链、人工智能、云计算、大数据等。

独角兽智能智造企业的兴起始终被资本密切关注着，美国是独角兽智能智造企业的重要发源地。

美国硅谷在智能技术研发及产品开发上有很大优势，还拥有大量高端智能科技人才，为独角兽智能智造企业的快速成长提供了人才保障。此外，先进、完善的产业基础设施使各类独角兽智能智造企业的爆发式增长成为可能。

例如，Astera Labs 是一家主要生产系统感知半导体集成电路以及提供相关服务的企业，其总部位于硅谷的中心地带。该企业提供的智能服务，能够帮助客户高效解决在计算密集型工作中出现的性能问题。

2022 年 11 月，Astera Labs 完成了由富达管理研究公司领投、英特尔资本等机构跟投的 1.5 亿美元 D 轮融资。该轮融资的顺利完成使 Astera Labs 公司的市场估值达到 31.5 亿美元，成功成为智能智造领域新兴的独角兽企业。

2.3 日本：如何发展智能智造技术

基于人口老龄化不断加剧、青壮年劳动力数量不断减少的国情，日本大力研发智能机器人，以解决劳动力短缺问题，促进制造业转型升级。同时，日本还积极打造新一代工业价值链，构建完善的工业智造体系。

2.3.1 大力研发智能机器人，解决缺工问题

日本人口正处于逐年下降的态势，劳动力严重不足，青壮年劳动人口持续萎缩。为了解决缺工问题，各大企业开始在生产与经营环节中大规模布局智能机器人与人工智能设备，以实现生产数智化与智能自动化。

例如，世界十大商业银行之一、日本第二大商业银行三井住友银行，引入了智能机器人流程自动化系统。该系统能够承担大部分重复性工作，使业务流程得到简化，帮助三井住友银行节约了200人次的工作量。

为了解决劳动力短缺的问题，日本清水建设株式会社研发了一款名为"Robo-buddy"的智能施工机器人。在建筑工地上，"Robo-buddy"不仅能够完成一些繁重、重复性工作，还能够从事对于人力劳动者来说过于危险的高危作业。

日本重工业企业川崎重工业株式会社研发出一款高5英尺7英寸（约170厘米），且具有机械双臂的智能机器人，其被应用于制药、食品加工、电子制造等一系列工业制造环节中，能够大幅降低劳动力不足对企业发展的消极影响。

日本的智能机器人产业发展十分迅速，智能机器人也被广泛应用于各行各业。随着人口出生率进一步下降以及人口老龄化程度逐渐加深，未来将有更多工作由智能机器人完成。

2.3.2 将智能智造重心放在AI领域

智能智造时代，AI是大势所趋。无论是轻工业还是重工业，都要通过AI技术建立先进的智能生产体系，提高自动化、数智化生产水平。

相较于传统生产，在AI领域进行重点布局的智能化生产有着显著优势。AI智造能够推动生产智能化，进一步优化生产流程，降低生产成本，使生产模式更加灵活、高效，提升工作效率和生产效益。

AI技术应用于制造业，能够使研发、设计、生产、物流、服务等环节实现无缝衔接，整合产业链条，为企业带来更多利润。

AI 智造的升级，能够使制造业从生产型向服务型质变。借助大数据等智能技术以及云计算平台，智能云服务能够顺利落地，有效提升生产环节的智能化水平。

日本将智能智造的重心放在 AI 领域，将 AI 技术与制造产业相结合，实现传统制造业的转型升级。例如，日本结合自身优势产业，如汽车、生物、数控机床等，实现 AI 技术的价值最大化，以有效解决劳动力不足、人口老龄化等困境。

2.3.3 打造新一代工业价值链

为了发展智能智造，日本产业界聚焦于企业之间的相互连接，致力于构建让所有企业都能够受益的互联工业体系，明确将互联工业作为推动制造业转型升级的战略目标。互联工业的核心在于通过实现技术、系统、设备与人之间的互联互通来创造全新附加值。日本提出新一代工业价值链的参考架构 IVRA-Next（Industry Value Reference Architecture），为互联工业的智能发展提供了行动指南。

IVRA-Next 包括 3 个维度，即产品、服务和知识。产品维度主要包括供应链中从原材料采购到产品生产结束后的物料流、需求流，以及原材料、零部件、产品背后蕴藏的智能技术与工程信息。服务维度包括企业的各项生产活动、相关设备、人员以及智能工艺等，还包括生产系统的相关活动。知识维度主要是将上述两个维度中的相关信息抽象为知识。产品维度与服务维度是企业开展生产制造活动的主要维度。

IVRA-Next 有 4 个周期，如图 2-2 所示。

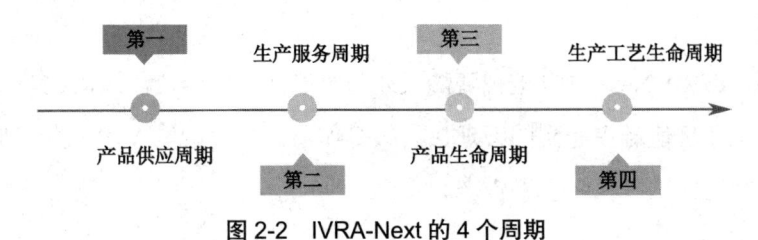

图 2-2 IVRA-Next 的 4 个周期

产品供应周期是从原材料的采购到产品加工完成，并最终交付给客户的全过程；生产服务周期是在产品生产过程中，对产生的耗材损耗、设备故障、配件老化、参数不匹配等问题进行维护的过程；产品生命周期是对新产品的研发与现有产品的智能升级过程，包括市场调研、产品研发、产品设计、试生产等环节；生产工艺生命周期是在原有生产流程中引入新产品时，对生产线进行重新开发或改造的过程。

出于保护数据主权的需要，IVRA-Next 设计了数据传输合约机制。在使用者提出使用需求后，提供者需要给予响应，双方可以设立合约。连接终端对合约进行注册后，分发身份标识码，数据提供者便能够通过身份标识码向使用者提供相应数据。根据合约，使用者需要向提供者支付使用费用。这一机制能够在确保数据主权归属的情况下，使数据能够被流畅地共享给他人。

作为日本智能智造的新一代工业价值链的参考架构，IVRA-Next 具有下列特点。

第一，IVRA-Next 强调通过动态循环实现智能智造。这里的动态循环主要是指生产过程、组织架构、业务流程方面的循环，通过周而复始的业务运转，不断发现并解决问题，在流程的改进以及迭代升级中，最终实现智能智造。

第二，在 IVRA-Next 参考架构下，企业能够与供应商、经销商、消费者等处于同一条价值链上的利益相关者互联互通，构建相互连接的智能工业体系。

第三，IVRA-Next 突出平台在网络与数字世界中的核心地位。平台能够对一系列规则和条件进行定义，使相关硬件与软件设施集成，并为制造企业提供各类服务；平台能够运用各种智能技术，将生产活动进行数字化并上传到云端，通过数据加工处理，形成新的技术与知识；不同的平台能够相互连接，形成分布式的生态系统。

第四，IVRA-Next 高度重视智能人才与智能知识的价值。IVRA-Next 强调智能人才在工业价值链中起到的管理、决策等作用，并将智能人才、生产工艺、专有技术与智能知识等视为宝贵资产。

2.3.4 "熊护士" Robear 成为病人搭档

由于出生率越来越低，日本老龄化问题愈发严峻，日本的青壮年劳动力数量严重不足,而数量庞大的老年人群体则面临晚年身体机能衰退或者生病后无人照料的难题。

针对这一问题,日本理化学研究所和住友理工株式会社共同设计出一款小熊型智能机器人 Robear,如图 2-3 所示。它能够完成基本的护理工作,如支撑病人或老年人站立与行走等,与常规的面无表情的智能机器人相比,它能够为病人或老年人提供有感情、有温度的陪伴。

图 2-3 "熊护士"进行智能护理工作

"熊护士"是"RIBA-II"型智能机器人的第三代改良版,与"RIBA-II"高达 230 千克的重量相比,"熊护士"仅有 140 千克,它不仅更加轻便,还减少了对空间的占用。并且该智能机器人的底座更小,行动起来更加便捷。"熊护士"内置电容式触觉传感装置,能够将收集到的数据实时传输给制动器,并能够快速感应使用者身体状态,动作更加轻柔。它的双臂可以承受 80 千克的重量,抱起体重 61 千克的病人毫不费力。充满电后,它的续航时间可达 4 小时。

研发团队对"熊护士"的细节进行了进一步优化,例如,将智能机器人内部的齿轮制动器位置下移,使其关节能够更加灵活精确地移动;为该智能机器人增加了具有缓冲效用的制动处理器,使其在从事护理工作时动作更加轻柔。扭矩传感器、触觉传感器、智能橡胶等关键装置,使"熊护士"更加智能化、人性化。

如果智能机器人能够在护理行业内实现大规模应用,就能减轻护理行业从业

者的工作压力，而且能释放一部分劳动力，在一定程度上缓解劳动力短缺的问题。日本仍将继续专注于智能护理机器人的研究，为老年人、病人的护理工作带来更多便利。

2.4 中国：加快推动智能智造转型升级

当前，全球制造业正在经历深刻变革，我国制造业正处于由大到强的关键时期，加快智能智造转型升级，是新形势下我国实现制造强国伟大目标的必由之路。

2.4.1 政府发布智能智造转型新举措

近年来，在政府工作报告中，"制造业""创新""智能"等词汇被高频提及。政府从多方面、全方位入手，对我国制造业的进一步发展与智能智造转型升级提出新举措。

在政策方面，政府全力支持制造业发展与转型升级，扶持企业与个体商户的发展。同时，针对制造业的生态环保、技术升级、交通运输等需求，为其提供各种优惠政策。2023年1月，相关部门印发的《助力中小微企业稳增长调结构强能力若干措施》（以下简称《若干措施》），出台了一系列举措，全面激活市场活力，促进中小微企业转型升级。

《若干措施》关注中小型企业智能化转型升级过程中的重点环节，助推企业通过研发科技成果赋能发展、数智化转型赋能产业升级、提升质量标准赋能品牌提升，以及完善中小型企业梯度培育体系，使中小型企业实现专精特新发展。

政府对失业、稳岗和培训方面加大支出，大力培养制造业转型升级所需要的高端智能人才，让更多青壮年劳动力掌握智能技术，为智能智造落地实践提供高端智能人才储备。例如，中国共产党中央全面深化改革委员会第24次会议通过了《关于加强基础学科人才培养的意见》，对培养智能智造相关的基础学科人才提供了政策支持。

政府加快布局先进的制造业集群，实施战略性国家新兴产业集群工程，促进传统产业再升级。国家发展和改革委员会发表的题为《加快构建新发展格局 牢牢把握发展主动权》的文章，指出了制造业在我国经济发展中的重要地位，强调当前制造业转型升级需优化产业链布局，加快发展先进的制造业集群，推动新兴产业的进一步发展。

政府坚持创新驱动发展战略，加大对科技研发的投入，对发展智能智造的企业进行专项扶持。例如，对企业在智能技术、智能人才培养等方面的业务，给予税收优惠。

此外，政府高度重视基础科研，不断推动5G、人工智能、新能源、云计算、智能机器人等智能产业的发展。例如，公安部、教育部、工业和信息化部等17个部门联合推出《"机器人+"应用行动实施方案》，鼓励企业不断开发制造业机器人，并推动其落地应用，使制造业智能机器人的应用密度扩大，特种机器人、服务机器人等不同行业的智能机器人应用广度与深度不断提升，以智能机器人的大范围应用促进社会经济高质量发展。

当前，正是智能智造转型升级的关键时期，我国政府对于智能智造转型升级持续推出强力举措。企业应当利用有利政策，提升自身智能智造水平。

2.4.2 数智化时代为"三驾马车"赋能

数智化时代，资本、技术、人才成为驱动企业智能智造转型升级的"三驾马车"。5G、大数据、人工智能、云计算、物联网等智能技术，催生全新的经济业态，加快了数字经济的发展进程。"三驾马车"能够进一步推动企业朝着智能化方向发展，而数智化时代也能够为"三驾马车"赋能。

资本的力量，一方面能够助力企业在创业板、科创板等市场上市，加快企业新智能技术的研发速度；另一方面也能够通过股权激励等手段，吸引更多高端智能人才与团队加入，实现智能技术创新，推动企业智能智造转型升级。

企业成功实现智能创新升级,也将反哺资本,为资本带来可观收入。例如,由来自国内顶级风险投资机构的创始团队创立的北京星陀投资管理有限责任公司,在健康生活、潮流文化、科技赋能等领域,共投资近百个项目,其中有20%的企业在全球市场上市,并且星陀资本的投资项目在短期内均为其带来了显著收益。

智能技术的创新,是企业数智化转型升级的核心动力,智能技术的最大价值在于商业落地。不同业务场景的多样化、个性化需求,促使智能技术不断进步,以适应商业的发展需求。

数智化时代,企业之间的竞争是创新能力的竞争,而创新的关键就在于高端智能人才。这要求企业一方面要通过继续教育提升员工智能创新能力,另一方面要不断在更高层次、更广领域、更大范围吸引智能智造领域的高端人才,构建可持续的高端智能人才生态圈,助力企业及时掌握智能核心技术。

2.4.3 举国家之力,打造数智化产业带

数智化产业带,即通过运用数字化、智能化技术,以互联网为载体,将企业转型升级作为主要路径,使线上产业与线下产业链实现生态融合与集聚的新兴产业集群。数智化产业带的发展,使企业的集聚性不断增强,同时也使企业的经营活力与发展势能增强,使经济发展稳中向好。

我国政府积极构建智能发展新格局。由于我国工业门类较为齐全,能够形成较为完整的产业链条,因此我国制造业在国际市场上具有独特的规模优势,而这也是我国制造业的关键优势。

数智化产业带加速数字经济与实体经济的融合,构建起超越空间与距离的新兴产业形态,能够使生产要素得到高效配置,助力工业智能市场的形成。产业多样化集聚,能够使产业外部性显著放大,从而助力产业的智能发展。

政府及有关部门大力支持数智化产业带的发展,通过打造产业生态体系,不断完善数智化产业带的行业标准,对数智化产业带进行有序监管。此外,政府及

有关部门致力于营造开放共享的发展环境，使数智化产业带能够高效发挥智能产业集群效应，带动制造企业的数智化转型升级。

2.4.4　江苏如何加速智能智造升级

一直以来，江苏的经济发展在全国都具有领先地位，江苏的工业对 GDP 的贡献超过 40%，位列全国第一。2021 年，江苏的制造业发展亮眼，增加值超过 4 万亿元，占江苏生产总值的 35.8%，为全国最高。

江苏制造业的发展，离不开智能技术的创新，促进"制造"向"智造"转型升级，加速智能智造技术发展，是江苏经济持续健康发展的关键。

江苏加速智能智造升级，主要着眼于提升企业自主创新能力、促进制造业数智化转型升级、实现低碳绿色可持续发展、构建先进智能产业集群 4 个方面。

在提升企业自主创新能力方面，江苏重点关注智能智造相关产业基础薄弱的问题，促进先进智能智造体系的构建，使企业成为研发投入、科研创新、智能决策、成果转化的主体。

在促进制造业数智化转型升级方面，江苏先后出台多项支持企业进行智能智造转型升级的条例与政策。例如，《江苏省制造业智能化改造和数字化转型三年行动计划（2022—2024 年）》着眼于江苏省的重点产业链与重点智能智造行业，加快推动江苏各企业的智能智造转型升级。同时，江苏大力夯实工业软件与硬件、工业制造装备、工业互联网平台、网络安全设施等智能智造相关基础设施的建设，推动智能智造加速落地。

在实现低碳绿色可持续发展方面，江苏始终将推动产业绿色发展作为智能智造强省的底色，号召企业坚持资源循环利用，及时淘汰落后设备，实现节能减耗与绿色制造。

在构建先进智能产业集群方面，江苏出台《省政府关于加快培育先进制造业集群的指导意见》，引导智能产业集群的发展，同时推动"产业强链"计划进一步发展。在政府与企业的共同努力下，江苏制造业的集群效应与产业链供应能力显著增强，竞争力也得到显著提高。

当前，"中国制造"向"中国智造"的转型正处于关键时期，作为智能智造强省，"江苏智造"的变革，既能促使其自身产业升级与经济进步，也是对国家层面制造业数智化转型升级的积极响应。

第 3 章
战略布局：智能智造转型升级

> 由于市场竞争压力不断增强，因此大力发展智能智造成为众多企业的必然选择。企业需要制定适合自身的转型升级战略并在发展中完善，驱动智能智造转型升级。

3.1 智能智造转型现状分析

在制造行业中，各企业正在积极进行数智化转型升级，智能智造发展态势整体向好。但转型升级战略仍需完善，资源支持力度仍需加大。

3.1.1 企业态度：积极拥抱智能智造新风口

积极拥抱智能智造新风口，推动移动互联网、物联网、云计算与人工智能等智能技术与制造业深度融合，形成发展新动能，促进产业转型升级，是企业在智能智造现状下应该有的态度。

在制造业转型升级的过程中，企业作为创新主体，需不断加大智能创新投入，提高产出效益。在企业积极转型升级的努力下，制造业正走在由"大"变"强"

的发展道路上。

当前，已经出现一批在国际智能智造市场上拥有强大竞争力的领先企业，如海尔、美的、宝洁等，这些领先企业使制造业整体形成了智能转型升级的积极氛围。

各企业通过提高创新能力与开发智能技术，积极转型升级。借助产业融合生态链、开放融合技术平台和数据信息，各企业同步实现产业智能发展与企业转型升级，市场竞争力进一步提高。

3.1.2 转型升级战略亟待完善，需要资源支持

智能智造的发展仍然存在许多难题，例如，仍存在对数智化转型升级认识不足的企业、数字经济基础设施建设落后、人才队伍薄弱等。完善转型升级战略，加大资源支持力度，是解决这一系列难题的关键。

完善数智化转型升级战略，要求企业重视数字经济发展的基础设施建设。

通信基础设施完善的关键在于5G技术，有关部门需要促进双千兆全光网的建设，实现5G全覆盖的规模化部署，还要加大对基站用电、选址的支持力度，建立起共建共享的通信基站，形成能够覆盖大部分智能智造企业生产工厂以及产业园区的5G网络。

算力基础设施与网络安全基础保障，是智能智造转型升级战略中的重要组成部分。这需要有关部门继续深化一体化大数据中心体系的构建，合理布局数据资源共享平台，高效推进高效能的云计算、分布式计算、超级计算中心的建设。

有关部门要明确网络安全保障的主体责任，落实对关键数据以及信息的具体保护制度，提升网络监测、中心管理、应急指挥、溯源追踪等能力，为企业智能智造的发展保驾护航。

在数智化时代，掌握数据这一重要资源，是企业把握发展先机的关键。数字经济是引领未来经济发展的新形态，也是智能智造转型升级的新蓝海。每个企业特有的大数据资源，是发展数字经济、推动企业数智化转型升级的重要资源。

企业不仅需要在发展过程中注重对数据资源的积累与筛选,使优质数据资源成为企业发展的助力,还需要借助开放式的数据平台,将其他企业公开分享的数据资源进行提取、挖掘,以为决策提供参考。

智能智造转型升级战略还需要重视智能人才团队的培养。现有的人才素质与产业智能发展的需求越来越不匹配,有关部门与企业都应当加大对智能人才培养的重视力度,建设高素质的智能人才团队,促进高端制造业的持续发展。

3.1.3 转型收益驱动智能智造升级

制造企业进行转型升级是大势所趋,一方面,时代变革要求企业进行数智化转型升级;另一方面,数智化转型升级会为企业带来收益,如图 3-1 所示。这些收益会驱动企业进行智能智造转型升级。

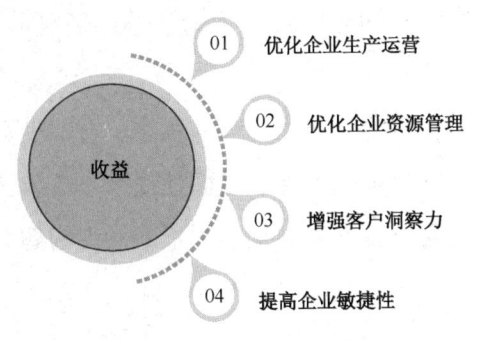

图 3-1 数智化转型升级为企业带来的收益

(1)数智化转型升级能够优化企业生产运营,提高企业产出效率。智能技术的引入能够使企业的传统存量业务得到显著优化,使传统产品的生产更加精益化、高效化、智能化、自主化、规模化,并带来企业服务水平的提升,增强企业经济效益。

(2)数智化转型升级能够助力企业优化资源管理。数智化转型升级能够为企业提供一体化业务解决方案,将企业资源置于智慧系统的统一管理之下,使企业的运营更加流畅、高效。同时,数智化转型升级会对企业每一种生产要素产生正

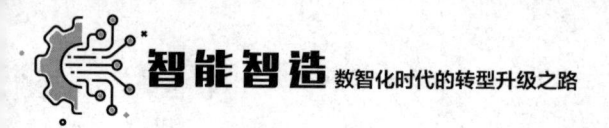

面影响,是企业全业务流程的全面性升级,将使企业各部门之间实现高效沟通与流程创新。

(3)数智化转型升级能够帮助企业增强客户洞察力,优化客户体验。客户消费体验是影响企业经营成效的关键因素,在当今时代,客户拥有越来越丰富的选择,客户对消费体验有越来越高的期待。

应用大数据技术,企业能够准确获取客户在消费过程中产生的各种数据信息,如消费满意度,并对其进行集成化分析与管理,从而增强业务洞察力与市场把控力。智能技术能够帮助企业将海量原始数据转化为横跨多个触点的洞察力,帮助企业拥有集设计、生产、运营、物流、销售、服务、客户体验等为一体的整体性视角。

(4)数智化转型升级能够帮助企业提高敏捷性。智能技术能够帮助企业建立精益化、柔性化、智能化生产的智慧工厂,使企业降低成本、提高生产效率,提升响应市场的敏捷性。

数智化转型升级能够为企业带来的收益很多,它不仅是一次关乎降本增效的技术升级,还是企业在发展思维上的全面性提升。数智化转型升级能够使企业形成持续改进的运营思维,在发展过程中不断发现问题并解决问题,实现可持续发展。

3.2 企业如何布局智能智造转型升级战略

智能智造的顺利发展,需要企业在战略层面上精准把控。智能智造转型升级战略的布局,需要企业明确信息化改造与数智化转型升级的差异,搭建完善的智能智造生态伙伴体系,积极探索低门槛的转型升级工具。

3.2.1 信息化改造与数智化转型升级

信息化改造是在数据库技术、现代通信网络发展的基础上,将所研究对象的各种要素汇总于数据库，通过信息化手段优化各种行为，提高各种社会活动与商业活动的效率并降低成本，最终实现推动人类社会进步的目的。

数智化转型升级是企业将研发、设计、生产、管理、销售、物流、服务等各个环节与 5G、云计算、人工智能、互联网、物联网等智能技术结合起来，促进各个环节与各项业务实现自动化、智能化。

从科技水平来说，数智化转型升级是信息化改造的升级。二者之间的区别主要体现在以下几个方面。

第一，从技术架构来看，数智化转型升级是由 IT（Information Technology，信息技术）到 DT（Digital Technology，数字技术）的升级。信息化改造的技术架构是基于桌面端的传统架构，而数智化转型升级是基于云网端与 AIoT（Artificial Intelligence & Internet of Things，人工智能物联网）架构的新技术群落。

第二，从需求特征来看，数智化转型升级是由确定性需求向不确定性需求的转型。在信息化改造时代，无论是 ERP，还是 CRM（Customer Relationship Management，客户关系管理），都呈现出基于规模化导向的确定性；而在数智化时代，市场竞争环境变化，客户需求更加个性化、多元化，企业面临的各种需求的不确定性增强。

第三，从核心诉求来看，数智化转型升级是由效率到创新的转型。对于企业来说，信息化改造的核心诉求是实现企业生产全过程的降本增效。而数智化转型升级着力于企业从研发设计到生产、销售再到售后服务的全流程智能创新。尤其是在面对具有不确定性的市场需求时，数智化转型升级能够使企业生产运营更加灵活多变。

第四，从核心目标来看，数智化转型升级是由企业内部管理向外部客户运营的转型。信息化改造的核心是通过一系列硬件设备与软件系统，为企业内部管理问题提供解决方案；而数智化转型升级不仅关注企业内部管理问题，还关注消费者的需求、喜好、满意度等，致力于提供以消费者为核心的运营方案。

第五，从技术体系来看，数智化转型升级是由封闭式技术体系向开放式技术

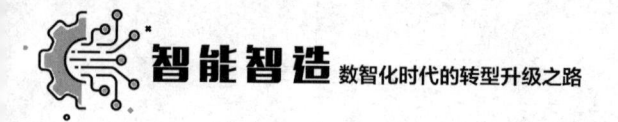

体系的转型。以前企业更关注自身内部资源的优化，形成一套封闭式技术体系；在数智化时代，企业之间越来越需要技术共享与数据共享，企业共建更多开放式技术平台。

3.2.2 搭建完善的智能智造生态伙伴体系

智能智造生态伙伴，指的是企业发展智能智造的过程中，能够为企业提供各类资源的主体，如关键软件、智能智造系统解决方案提供商、信息网络基础设施、智能智造装备、高端智造人才培育基地等。

搭建完善的智能智造生态伙伴体系，需要从多方面着手。

首先，企业需要不断扩大生态伙伴合作群。企业要建立完善的遴选标准，对智能智造生态伙伴进行广泛遴选，构建服务优质、技术先进、要素齐全的合作伙伴群，形成产业集群效应，打造良性运转的智能智造发展生态。

其次，企业需要不断提升智能智造生态合作伙伴的质量。企业要积极通过智能技术创新，发挥引领作用，鼓励合作伙伴大力开展产品生产、服务模式、运营模式等方面的创新，增强多专业、跨领域的融合发展能力。

最后，企业需要着力于营造优质的智能智造发展环境。企业要通过产教融合、继续教育等方式建设完善的高端智造人才培养体系，加大人才引进力度，打造一支复合型、高素质的智能智造人才团队，在行业内形成技术创新、技术共享的智能智造发展氛围。企业还需要打造开放、共享的产业发展平台，使人才资源、数据资源、信息资源等在行业内顺畅流动，激发出新的智造活力。

3.2.3 积极探索低门槛的转型升级工具

广大中小型企业的技术、人才、管理、资金等方面的资源较为薄弱，在进行数智化转型升级的过程中需要克服许多困难。

随着智能技术的进步与时代的发展，企业进行数智化转型升级的门槛持续降低，数智化转型升级成本大幅度降低。许多数智化平台纷纷推出先进的数智化服务产品与工具，为中小型企业提供更加低成本、敏捷化、普惠化的数智化转型升级新路径。

以钉钉为代表的数智化平台，通过"低代码+PaaS（Platform as a Service，平台即服务）平台"工具，在业务系统的快速集成方面，为中小型企业提供了门槛较低的转型升级解决方案。

钉钉开发出丰富的系统集成连接器以及 API（Application Programming Interface，应用程序编程接口），通过低代码平台开发出对采购、生产、物流、销售、服务等环节进行智能管理的高度敏捷业务系统，使用户能够利用移动终端实现业务流程的在线协同与即时沟通，不仅大幅提高企业运营效率，还解决了如业务系统扩展性差、数据孤岛、成本过高等一系列问题。

中小型企业进行数智化转型升级，应该坚持"小快轻准"的发展理念，积极探索低门槛的转型升级工具，革新企业的运营理念、管理理念、生产方式，推动企业可持续发展。

无锡普天铁心股份有限公司与钉钉展开合作，基于云钉的底座能力，将钉钉作为超级入口，陆续构建智能协同、EIoT（Edge-based IoT，边缘计算物联网）等多种应用，实现了设备上钉与业务上钉。普天铁心的智能工厂，引入钉钉多个智能化业务系统，实现了生产流程数据的互联互通。成功打破原有的数据孤岛后，该企业的订单交付周期缩短了一半。

中小型企业的数智化转型升级要积极借助开放式的数智化平台与技术，通过产业链的深度融合，打破时间与空间限制，构建完善、丰富的智能智造产业生态，对资源进行高效配置。

3.2.4 借虚拟现实技术实现智能智造

随着智能技术的逐渐成熟以及应用的加速落地，虚拟现实产业迎来了爆发期。对虚拟现实技术（VR）应用得比较广泛的是工业生产领域，借助虚拟现实技术，企业可以建设虚拟工厂，并在虚拟工厂中进行设备操作，帮助企业实现科学生产。

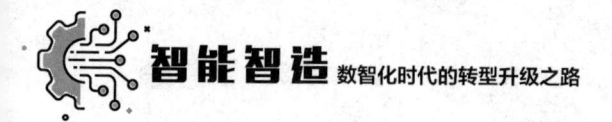

目前，许多企业都在尝试利用虚拟现实技术助力工业生产。

北京四度科技有限公司是一家综合性科技公司，为了提升企业的生产效率，其推出了数字化工厂综合管理虚拟现实系统。

数字化工厂综合管理虚拟现实系统利用虚拟现实技术，以生产要素为基础，对工厂的产品设计、生产设备、生产流程、工厂管理4部分进行数字化建设，并将其整合成综合管理系统，使企业能够对整个生产过程进行科学规划和监管，从而降低生产管理成本并保障产品顺利生产。

1. 产品设计

北京四度科技有限公司的技术团队根据不同产品进行仿真模拟，建立了基本模型库，方便产品设计师调用。另外，技术团队还在系统中加入了经验公式模板、防错机制等，在提升设计效率的同时，还能避免产品产生缺陷，使新员工也能具备资深设计师的能力。产品设计虚拟现实系统通过将设计过程数字化，缩短了产品开发周期，提高了产品设计效率。

2. 生产设备

北京四度科技有限公司的技术团队利用三维仿真技术对工厂内所有的生产设备进行仿真模型搭建，并把每一种设备模型与信息库相连接，开发出生产设备虚拟现实系统。这样工厂的工人既可以在系统中学习设备的基础知识，又可以进行实际操作练习。

当工人调出需要学习熟悉的设备后，可以对模型进行全方位查看，并利用人机交互技术对模型进行组合拆卸或缩放，具体对某一个零件进行学习。生产设备虚拟现实系统实现了生产设备的数字化、自动化、精密化，可以提高工人对设备的学习效率并降低设备管理难度。

3. 生产流程

北京四度科技有限公司的技术团队构建的虚拟工厂可以让工厂管理人员在工厂里面漫游，工厂管理人员只需要操控VR手柄，就可以完成对工厂内部设备的规划布局、搭建生产流水线、安排生产流程等工作。在虚拟工厂中搭建好流水线后，工厂管理人员还可以模拟生产设备的运作过程，提前获得生产线运行信息，从而实现科学评测生产流程设计方案，及时调整布局，避免流水线搭建错误造成损失。

4. 工厂管理

北京四度科技有限公司的工厂管理虚拟现实系统通过模拟工厂生产设备的运作过程，实现了在虚拟场景中对生产过程的实时监控。该系统可以将流水线上的生产设备的工作状态可视化，工厂管理人员可以实时查看设备的温度、状态等参数，及时掌握生产情况。此外，该系统还设置了设备故障报警机制，工厂管理人员能第一时间准确定位故障设备，并及时修理或更换，使工厂的生产工作不会中断。

如今，制造业面临着成本高、生态环境恶化、竞争激烈等挑战，进行智能智造转型升级是大势所趋，而引入物联网、云计算、大数据等智能新技术可以加速制造业的转型升级。广大科技企业可以根据这一市场需求，为制造企业搭建智能智造技术平台，帮助它们从传统工厂向智能智造工厂转型，实现降本增效。

3.2.5 百度发布 VR2.0 产业化平台，助力企业智能智造

随着 5G 商业化进程加速推进，VR 已经成为新一轮技术革命的重要技术之一。在这个趋势下，百度推出了 VR2.0 产业化平台。百度 VR2.0 产业化平台以智能编辑、虚拟化身等技术为支撑，能够进行 VR 创作与 VR 交互，适用于教育、营销、工业等领域的多个商业化场景。具体而言，百度 VR2.0 产业化平台主要具有以下 3 个特点。

一是能力开放。凭借"百度大脑"、智能云等技术的支持，百度 VR2.0 产业化平台在 3D 建模、多人互动、内容分发和感知交互等方面，都拥有深厚的技术积累。同时，百度 VR2.0 产业化平台以百度智能语言技术、知识图谱技术、智能视觉技术等组成 AI 能力矩阵，并融合素材理解、内容生成、感知交互等技术，以开发者套件的形式向行业开放。

二是平台通用。百度 VR2.0 产业化平台拥有 VR 创作、VR 交互两个平台。VR 创作平台具有素材采集、编辑管理、内容分发等功能，可以让内容消费通路更加顺畅；VR 交互平台则集虚拟场景、虚拟化身、多人交互等功能为一体，探索可视化信息在元宇宙中的更多可能。

三是场景丰富。百度 VR2.0 产业化平台基于强大的产品矩阵和技术积累，打造了教育、营销、会展等多个场景的 VR 解决方案。

总之，百度 VR2.0 产业化平台打通了从平台构建到生态运营之间的多个环节，形成了一条完整的产业链。其可向企业提供技术和工具，制定个性化的 VR 解决方案，解决不同场景下企业生产制造中的痛点，帮助企业实现降本增效。

3.3 案例分析：数智化时代的转型升级榜样

在智能智造发展的过程中，许多优秀的转型升级榜样涌现出来，如腾讯千帆、硅基智能、格兰仕、三星等，对各行各业的企业进行数智化转型升级起到引领与带动作用。

3.3.1 腾讯千帆：推出"千店千面"模式

腾讯千帆是腾讯推出的 SaaS（Software as a Service，软件运营服务）生态计划，聚集了众多优秀的 SaaS 服务商。其在 PaaS 层打造应用连接器产品，为企业数智化应用连接提供基础；在应用层面为企业提供场景连接产品与方案，如千帆海风统一门户、千帆海风营销通、腾讯电子签等。腾讯千帆将腾讯的优势品牌、技术、产品等资源聚集起来，帮助各种垂直领域的客户解决数智化转型升级过程中出现的问题。

为了满足各企业对细分领域深入探索的数智化需求，以及推动企业实现以消费者需求为导向的转型，腾讯千帆构建千帆生态体系与多方合作共赢的商业化模型，帮助企业实现敏捷化、轻量化产业升级。

腾讯千帆通过 SaaS 运营，以"连接"的方式实现企业数智化供需匹配的重构，使企业在产品选择、研发、集成、交付、服务等方面更加方便快捷。腾讯千帆通过提供专业化的 SaaS 服务，帮助企业更好地转型升级，助力各企业打造品牌特色，实现"千店千面"。

例如，铂燕品牌与腾讯千帆展开深度合作。腾讯千帆根据对铂燕品牌经营情况的研判，为其设计出数智化转型升级专属方案，帮助其实现全链路的数智化管理。

同时，铂燕品牌借助腾讯 SaaS 小程序商城与 SCRM（Social Customer Relationship Management，社会化客户关系管理），构建起全新用户价值管理系统，形成以消费者为中心的终端会员互动服务平台。该平台使铂燕品牌能够根据不同门店消费者的特征，进行商品精准推送与个性化、差异化营销，使铂燕品牌线下门店实现"千店千面"。

腾讯千帆不仅帮助铂燕品牌打通人、货、场之间的关系，还帮助其有效沉淀各渠道数据，随时把握新消费需求及其特点，使零售环节更加精准高效，也使铂燕品牌私域流量池的价值最大限度发挥出来。

腾讯千帆用智能技术赋能不同领域的企业，帮助企业实现经营管理与业务流程全链路的数智化，是切实解决各企业数智化转型升级中各种问题的有效方法。

3.3.2 硅基智能：全力打造"元宇宙中国"

我们可以将元宇宙理解为一个与现实世界平行的虚拟世界，其核心元素是虚拟化身、AI 数字人和物理空间的三维重现。元宇宙已经成为投资热门概念，腾讯、Facebook、谷歌、苹果、亚马逊等巨头企业纷纷入局，通过企业内部运营模式与员工结构的重组，以及智能技术的开发，重新规划企业产品的设计、制造、品质把控、营销、物流、服务等。

作为智能技术与商业化交互领域的先行者，硅基智能已经成为人工智能领域的独角兽企业。在人工智能商业化落地的实践探索中，硅基智能已经创造出超过100万的"数字劳动力",并将其投入超过40个行业的4万余家企业和机构中。"硅基数字人"在众多业务场景中成功落地,助力硅基智能打造"元宇宙中国"。

通过AI数字人技术,硅基智能帮助带货主播、主持人、健身教练、教师等各行各业的劳动者创作自己的"数字分身"。用户仅需输入文本,便能够自动生成视频,这一方面提高了视频的生产效率,另一方面有效降低了人工成本。

硅基智能与许多粉丝基数较大的博主展开深入合作,不仅缩短了他们的视频生产周期,还使博主能够将更多精力专注于创作优质作品上,激发出更多的创新价值。

硅基智能开发出强大的AI感知技术和数字人驱动算法,使得人物动作与微表情能够被完美复刻。依托于此,硅基智能打造出元宇宙虚拟偶像"爱夏"。"爱夏"的市场反响十分火爆,其直播首秀累计观看人数超过30万,抖音直播的现场观看人数更是超过100万。硅基智能积极布局海外市场,使"爱夏"入驻Facebook、Instagram、Tiktok等海外社交平台,吸引海外观众,展现"元宇宙中国"的魅力。

硅基智能表示,未来将对虚拟偶像与虚拟IP投入更多的技术、资源,结合VR、AR(Augmented Reality,增强现实)、MR(Mixed Reality,混合现实)技术,实现多元场景串联,创造更加逼真的沉浸式体验,使虚拟偶像衍生业务走在元宇宙市场的前列。

作为虚拟数字人行业的领军企业,硅基智能将致力于AI及相关智能技术的深入研究,创造出更多数字劳动力与虚拟偶像,推动"元宇宙中国"进一步发展。

3.3.3 格兰仕:利用智能芯片实现数智化转型升级

新兴科技的兴起使得越来越多行业开始注重数智化,家电行业也不例外。智慧家电成为家电企业全新的发展方向,而智能芯片则是实现智慧家电的基础。我国著名家电品牌格兰仕率先进军智能芯片领域，利用智能芯片实现了数智化转型，把创新发展的主动权牢牢把控在自己手中。

格兰仕是一家在家电领域拥有世界级排名的企业，它在广东地区拥有国际领先的微波炉、空调等家电研究和制造中心。格兰仕推出物联网芯片，并将其配置在16款产品中。此项举措标志着格兰仕着手传统制造的转型升级，正式向智慧家电领域迈进。

格兰仕集团副董事长梁惠强表示："在智能物联网时代，不能以电脑、智能手机的芯片为中心，而要采用新的技术架构。"格兰仕与智能芯片制造企业SiFive合作，设计出一套专用的高性能、低功耗、低成本的芯片。

格兰仕的一位高层表示，他们开发的专属芯片，不仅适用于各种家电，还可用于服务器。由此，格兰仕就可以创造出格兰仕家电特有的生态系统，让家电更高效、安全、便捷地实现智能化。

研发专属芯片意味着格兰仕迈出了从传统制造向智能智造转型升级的第一步。要全面实现数智化转型升级，格兰仕还需要再加强软件方面的探索。在边缘计算方面，格兰仕与德国企业BRAGI进行了合作，将人工智能技术应用到各种家电产品中，使家电产品更加智能。

从实践来看，相比于云计算，格兰仕的边缘计算更接近智能终端，其数据安全性与计算效率相对都比较高。随着市场竞争愈发激烈，为了更好地占领市场，格兰仕在AWS（Amazon Web Services）云中部署人工智能、大数据等系统，力求在同一个平台上完成对生产、销售、售后服务等环节的全面管理，实现从制造到智造的转型升级，推动企业利润的快速增长。

3.3.4 三星：推出智能平台SmartThings

随着物联网的火热发展，万物互联成为全新的产业发展方向。许多新技术的发展为万物互联的实现提供技术支持，许多拥有先进技术的大厂开始争夺全新时代的话语权。在此趋势下，三星推出了智能平台SmartThings，并将该智能平台作为紧抓万物互联时代机遇的重要布局。下文将从几个方面对 SmartThings 进行介绍，如图 3-2 所示。

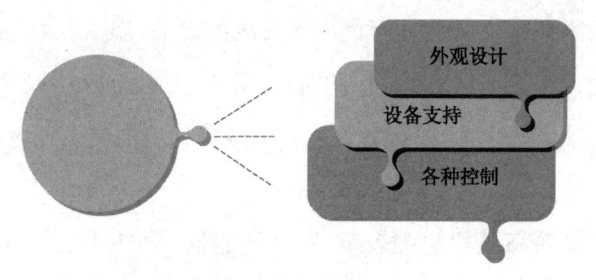

图 3-2　SmartThings

1. 外观设计

SmartThings 以集线器 Hub 为控制中心，Hub 是支持多端口运行的转发器，其外形是一个白色的小盒子，样式简洁大方，便于储藏。即使停电，Hub 依旧可以借助 AA 电池（5 号电池）正常运行，保障 SmartThings 的安全运行与自动化。

2. 设备支持

除了 Hub 外，还有一些其他设备支持 SmartThings，如 Zegbee 设备（一种低速率、低成本、短距离的无线网络传输设备）、Outlet 插座（主要是指用来插电线的电源座）、各类传感器等。

SmartThings 可以连接不同厂商的产品，不仅支持官方产品，其他类型的产品也能很好地运行，实现了双向沟通、信息畅通。它的内部设计了两个 USB 接口，可以保障在任何情况下都能与智能家居产品对接。

只要通过 IFTTT（if this then that）网站协议，SmartThings Hub 便能支持更多设备，IFTTT 网站可以帮助用户使用开放的 APL（A Programming Language，一种计算机语言）。

3. 各种控制

SmartThings 可以在 iOS 或 Android 用户端运行。例如，在执行开灯操作时，用户可以进入界面，手动控制开启还是关闭，整个过程十分简单。此外，用户可以通过提前设置实现自动操作,保证在下班回家前智能家电已经自动启动。

SmartThings 是一个智能家居服务平台,可以实现程序的合理运行、模式的正常切换,并且时刻监视智能家居。它是一个非常高效的智能系统,可以保障智能家居的正常使用。它的功能强大,价格相对便宜,是用户首选的智能家居控制平台。未来,SmartThings 会更注重用户的使用体验,致力于成为智能家居服务领域的知名平台。

第 4 章

智能智造蓝图：牢牢把握智能智造趋势

> 技术的升级、市场的扩张、政策的扶持、资本的涌入，为企业进行智能智造转型升级提供了良好的发展环境。企业要牢牢把握这一发展趋势，关注重点领域，把握智能方法，开发核心技术，以实现智能智造。

4.1 投资者纷纷投入智能智造领域

智能智造领域发展趋势向好，而智能智造领域发生的投资事件成为拉动经济增长的关键。如果选择在智能智造领域投资，投资者就要关注重点领域与核心技术，实现精准投资。投资企业与机构需要积极借鉴互联网行业巨头的成功经验，从而做出正确的投资决策。

4.1.1 智能智造，商机可期

新一轮技术与产业革命蓬勃发展，智能智造商机可期。对于消费市场来说，智能智造能够带来新的产品。智能技术的引入赋予传统产品全新面貌，如智能家居产品、无人驾驶汽车、智能音箱等。智能技术与业务的结合能够创造出全新的产品与服务，如智能机器人、智慧医疗系统、AI 虚拟数字人等。

不管是传统产品的数智化转型升级，还是全新产品的出现，都为消费者带来了新的选择，使消费市场焕发出生机与活力。

对于企业来说，智能智造能够带来新的生产方式。智能新技术的出现带来了全新的生产设备，如智能工业机器人、智能质检设备、无人拣货装置等，使企业实现降本增效。

智能智造十分关注生产过程的互联互通，通过智能技术的应用，打通供应商、制造商、消费者之间的数据，使产品生产、市场营销、物流、售后服务等各个环节连接起来，打造融合、高效、灵活的产品价值链，实现智能化生产。

智能智造能够将各产业部门连接起来，实现不同产业之间的融合。这在促进产业结构升级、优化资源配置的同时，还能够提高原材料与能源的使用效率，使环境得到更好的保护。

总体来说，智能智造的发展能够带来许多新的商机。企业要积极抓住发展机遇，实现数智化转型升级。

4.1.2 投资者投资智能智造领域的关注点

智能智造已经成为驱动制造业发展的主要动力，显现出巨大的发展潜能。智能智造领域的各细分产业，如 3D 打印、工业软件、智能传感器、智能机器人等，都蕴含着巨大的市场容量，吸引众多投资者入局。

相关数据显示，2021 年，智能智造相关行业发生 204 起投资事件，投资金额达 112 亿元。

投资是促进智能智造稳定发展的有效手段与重要途径。对于投资者来说，投资方向的主要关注点在当前制造业中的关键领域与核心技术。

扩大有效投资，既要精准，又要及时。投资者要着眼于智能智造领域的核心竞争力，进行核心技术的攻克，关注重点领域的基础设施建设，如通信、算法、算力、芯片的设计制造等，以及底层核心技术，如人工智能、云计算、物联网等。

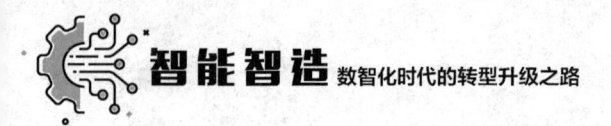

市场竞争越发激烈，投资的时效性十分关键。投资者要通过对信息的搜索积累以及对市场动向的把控，掌握投资趋势，在潜力巨大的细分领域发展初期及时入场。

4.1.3 "BAT"成功因素分析

"BAT"指的是互联网行业三大巨头企业：百度、阿里巴巴、腾讯。3家巨头企业的发展战略与体系规划不同，但其业务布局的核心都是围绕移动互联网领域，打造完整的业务生态体系。

在发展过程中，3家巨头企业凭借雄厚的资本实力，投资了数十家已上市公司与数百家未上市公司，取得巨大收益。通过对3家巨头企业近年来的投资与收购案例进行分析，笔者总结了其成功的因素，如图4-1所示。

```
                    ┌─ 吞并行业"老二"，形成行业垄断
                    │
         成功因素 ──┼─ 投资新业务，拓展新市场
                    │
                    ├─ 查缺补漏，提高竞争力
                    │
                    └─ 对抗竞争对手，谨防弯道超车
```

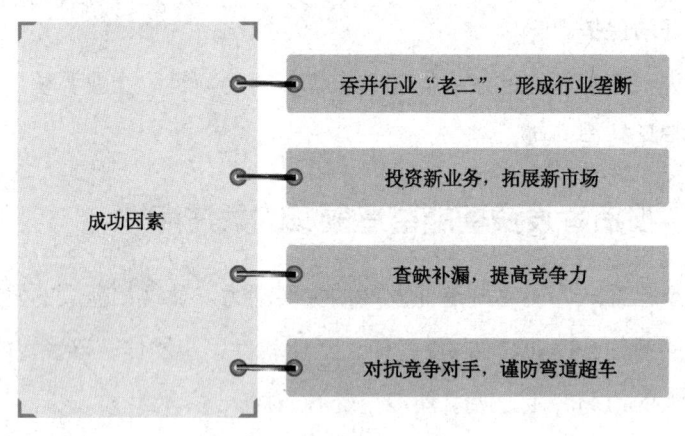

图4-1 "BAT"的成功因素

第一，吞并行业"老二"，形成行业垄断。吞并行业排名第二的企业后，排名第一的企业便能够在行业中占据绝对领先的优势地位，许多行业领军企业都会选择采用这样的方式来增强企业实力。

在"BAT"的投资收购实例中，腾讯入股搜狗就属于这一类型。腾讯在完成对搜狗的收购后，将旗下的自研搜索引擎"搜搜"整合到搜狗搜索项目中。这一举措不仅使搜狗的搜索业务得到强化，还使其市场优势地位更加稳固。

第二，投资新业务，拓展新市场。在移动互联网的浪潮下，许多新领域都潜藏着巨大发展机会，但巨头企业也不能面面俱到，将所有业务都做到"专精"。因此，一些巨头企业便选择对新兴市场进行投资，布局未来的业务增长点。

例如，在 IoT、5G、人工智能等智能技术的支持下，移动应用、线上支付、视频识别、云平台等新兴技术使智慧停车成功落地，并成为具有极大发展潜力的新兴市场，吸引众多企业入局。阿里巴巴旗下的支付宝与 ETCP（Electronic Toll Collection Parking，无人收费智慧停车平台）开展深度合作，在虹桥机场周围打造了"无感支付"的智慧停车试点；蚂蚁金服入股捷顺科技实业有限公司旗下的顺易通，在智慧停车这一新兴市场中持续扩张版图。

第三，查缺补漏，提高竞争力。随着"BAT"三大巨头企业的体量不断扩大，三者的业务逐渐开始覆盖互联网领域的全业务门类。为了在重要业务门类上与其他巨头进行竞争，巨头企业便需要通过投资或收购进行查漏补缺。例如，阿里巴巴对高德地图的收购，便弥补了阿里巴巴在线上地图领域的不足。

第四，对抗竞争对手，谨防弯道超车。巨头企业之间的市场竞争十分激烈，为了保持领先地位，巨头企业可以通过投资或收购增强实力，以对抗竞争对手。巨头企业之间的对抗体现在针对同一企业的收购，例如，百度与阿里巴巴都有收购 UC 浏览器的意向，最终阿里巴巴依靠高价取得胜利。

4.2 领先方案：企业迅速变身智能智造强者

智能智造领域的市场竞争十分激烈，企业需要不断探索领先方案，掌握数智世界架构方法，借助 3D 打印技术实现智能化生产，促进 IT 与业务的数智化融合，通过 VR、AR、MR 等技术实现智能智造转型升级。运用先进智能技术赋能智能智造转型升级，可以助力企业迅速变身智能智造强者。

4.2.1 掌握数智世界的架构方法

企业应当在对自身发展现状与技术能力有了清晰的认知后,对数智化转型升级的整体架构进行整合与重构。

数智化转型升级的核心在于,基于垂直业务场景快速构建 IT 应用和业务,满足多种多样的场景需求,最终实现转型升级的业务目标。数智世界的架构方法分为 5 个层次,如图 4-2 所示。

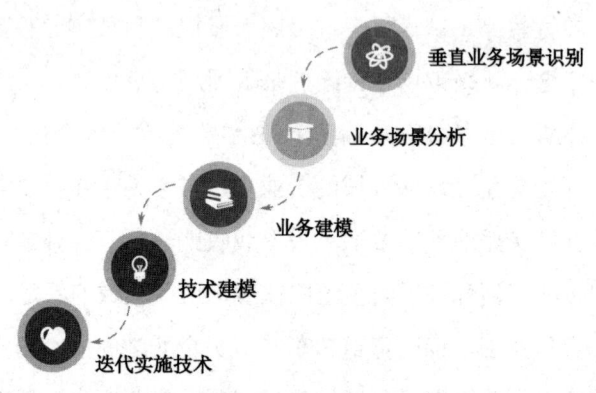

图 4-2　数智世界架构方法论 5 层次

识别垂直业务场景是整个数智世界架构方法论的第一步,也是最为重要的一步。企业需要挖掘自身核心业务,并针对核心业务不断深入探索,开发智能核心技术,这样才能占据竞争优势。

第二步是企业需要对核心业务场景进行分析,通过分析梳理相关业务流程。业务流程能够被进一步细分成子流程与业务活动,这样企业便能够清晰认识到支撑业务活动所需要的业务能力。基于此,企业可以审视自身是否具备完成业务活动所需要的能力。若不具备相应的能力,企业便需积极通过技术引入实现能力的提升。

在对业务场景进行分析后,企业需要进行业务建模与技术建模。企业可以基于"平台+应用"的创新思维,即"云计算+SOA(Service-Oriented Architecture,面向服务的架构)",对可利用的业务能力进行识别与抽取,并针对缺失的业务能力构建全新的应用。

完成建模后,便进入技术与业务相融合的迭代实施阶段。企业需要基于迭代思路,通过快速上线的方式大量采集应用数据,并对应用情况不断进行检验与反馈,使其能够不断优化,最终使业务能力与业务内容实现最佳匹配,完成数智化转型升级。

4.2.2 抢占数据入口,巩固市场地位

当前,作为产品生产者的企业与产品接收者的消费者之间的主要矛盾就在于信息的不对称,以及企业营销手段与消费者需求的不匹配。市场上的供求关系不断发生变化,企业需要提升快速响应市场的能力,推出更多有特色、个性化的服务与产品。

在新兴消费市场中,企业的核心竞争力不仅体现在品牌知名度、产品及服务质量上,还体现在客户数据的掌握上。大数据技术与平台,将推动各行业未来业务市场的增长。

在当前互联网+蓬勃发展的形势下,企业要进行思维创新,积极抢占数据入口。这样不仅能够巩固企业市场地位,还能够拓展新的发展空间。

为了抢占数据入口,企业之间会对数据资源进行争夺,此前腾讯曾指控某企业非法抓取其产品数据以及用户数据。随着智能智造飞速发展,用户数据的价值越来越凸显。作为社交软件领域的巨头,腾讯十分重视用户数据的利用,其依托大数据了解用户习惯,实现精准营销。

作为即时通信领域最大的基础设施,微信几乎覆盖了大多数互联网用户的即时通信需求,微信也在积极拓展配套应用,打造闭环微信生态。这使腾讯能够充分占领即时通信领域的数据入口,享受数据红利。

4.2.3 借助 3D 打印,打造智能智造工厂

3D 打印技术,又被称为增材制造技术,是快速成型技术的一种。其主要是在

数字模型的基础上,依托可黏合的粉末状材料,实现分层打印以及物体构造。3D打印技术融合了多个领域的尖端技术,是智能智造的重要组成部分,发展前景广阔。

与传统的模具制造技术相比,3D打印能够突破形状对产品制造的局限,是加工生产观念上的创新与变革。3D打印具有便捷、空间占用小、成本较低等优点,可推动智能智造的发展。

随着汽车行业发展越来越深入,汽车装配对零部件的要求也越来越高。传统模具不仅会耗费大量人力、物力成本,还难以制作出精密度符合标准的零部件,3D打印便能够有效解决这一问题。

散热系统的好坏对于汽车性能来说十分重要,3D打印热交换器不仅能够提升散热器的速率,而且与传统的散热器相比,造价更低,质量更轻,为汽车行业的发展提供了新的技术支持。

3D打印不仅能够助力传统产业实现更加高效、便捷、精密的生产,还能够被应用于打造智能化、敏捷化的数智工厂中。

清锋科技有限公司推出基于3D打印的智能工厂,该工厂专注于极速打印这一核心技术,围绕智能设备生产线、自动化软件设计与3D打印材料研发等,构建了集成式的数智化智能智造体系。该智能工厂还通过云端智造系统与控制系统的连接,实现了端到端的垂直整合。

清锋科技的数字化3D生产线(如图4-3所示),具备互联敏捷、中台处理、云端设计、数字驱动等特点,是传统自动化生产向着柔性化、互联化、智能化生产转型升级的代表。清锋科技的3D打印技术具有高度自主化的数位仿真系统,能够通过优化设计、测试模拟、有限元力学分析突破打印产量、速度以及材料性能的传统局限。这不仅能够使批量打印的准确率得到提升,还能够使打印产品的标准与性能得到保障。

清锋科技开发出独家3D极速打印技术LEAP™。该项技术采用了纳米化先进界面离型技术,能够简化数字光处理,使打印产品成型高效化、连续化。相比传统的 3D 打印，其打印速度有着 100 倍以上的提升。

图 4-3　清锋科技 3D 打印生产线

清锋科技自主研发众多高性能的 3D 打印材料，如齿科材料、耐高温材料、韧性材料、弹性材料等。基于此，该企业已经生产出高韧性航空零部件、耐高温消失模具、透明韧性液压阀等功能强大的产品。清锋科技研发的弹性材料，在耐弯折、抗撕裂、回弹等方面性能突出，已经生产出工业缓冲件、自行车坐垫、颈椎枕等商业化产品。

清锋科技的 3D 打印智能工厂构建起企业数字化管理生态，在接入 LuxCreo 软件生态后，通过 LuxCare、LuxStudio、LuxFlow、LuxLink 等一系列智能软件，实现前端数据采集、中端数据自动设计、数据前处理、全流程数据管理的生产闭环。

LuxCare 是一款移动端软件，具备 3D 打印数字化模扫功能，能够根据扫描结果，定制个性化的 3D 打印，例如，3D 打印眼镜或鞋垫等极具韧性的产品。该软件能够实现自动化的 3D 打印设计、打印准备与生产管理。

LuxStudio 是 3D 晶格模型的自动化生成平台，操作方法简便，能够通过晶格填充，使部件结构得到优化。

作为一款智能化数据前处理软件，LuxFlow 具有优化部件放置、自主生成支

撑结构以及修复模型的功能，能够使生产力得到显著提升。

LuxLink 能够对设备物联情况进行管理，包含权限管理、用户管理、设备管理、生产管理、模型资料管理等系统功能。

4.2.4 促进 IT 与业务的数智化融合

数智化时代，IT 与业务的关联性越来越强，数据与算法在企业决策过程中起到越来越重要的作用。因此促进 IT 与业务的数智化融合，就成为企业数智化转型升级的关键。

早期，IT 主要在企业运营过程中起到支持企业内部各组织系统运作的作用；在企业的业务系统开始进行数智化转型升级后，IT 开始起到赋能的作用，包括帮助企业精准获客、管理库存、促进营销、业务开拓、服务客户等；未来，IT 将进一步推动企业的数智化转型升级进程。

想要促进 IT 与业务的数智化融合，就要推动业务数据化与数据业务化并行。业务数据化能够助力企业引入 IT 后重构业务流程，实现业务变革。数据业务化能够使数据更好地融入企业运营的全流程中。

企业应根据行业、产品的不同特点，集聚相关数据资源，部署相应的数智化转型升级平台，使数据资源发挥关键生产要素的作用。这就要求企业的技术团队在搭建 IT 架构时，审慎考虑现有技术与原有技术的融合问题，不仅要着眼于短期内的效益提升，还要兼顾业务长期发展。

IT 与业务的数智化融合，在企业中通常表现为 IT 部门与业务部门的联合。这就要求企业在组织层面为二者融合做好保障，通过设置 KPI（Key Performance Indicator，关键绩效指标）、奖励机制、创新激励等方式，使相关团队在良好的变革氛围中提高业务产出。

在促进 IT 与业务数智化融合的过程中，复合型高端智造人才尤为重要。二者融合要求智造人才既要掌握相关 IT 技术，又要精通业务流程。这样才能精准把握二者关系，避免由于对某一方面认识不清，而导致二者的融合出现孤立、片面、脱节等问题。

4.2.5 通过 VR、AR、MR 进行智造升级

VR、AR、MR 都能够在不同程度上增强人们的感官体验，但这三者也存在许多区别，且应用场景各有不同。

VR 能够借助计算机等智能设备，打造出与现实世界高度类似的虚拟世界，带来包括视觉、嗅觉、触觉的三维感官体验，使用户产生身临其境的感觉。VR 技术被更多地应用于游戏产业中，通过智能穿戴的方式，为用户带来优质体验。

AR 在一定程度上可以看作 VR 技术的延伸，其能够将虚拟化的信息叠加到现实世界之上，甚至超越现实世界。通过智能传感、智能交互、实时跟踪、三维建模、多媒体等技术的应用，AR 能够将计算机生成的图像、文字、音乐、视频、三维模型等虚拟化信息进行模拟仿真，并应用到现实世界中。AR 技术在一些现实生活场景中已经落地应用，如摄像拍照、消息提醒、即时通信、智能字幕、AI 识别、天气播报等。

MR 是 VR 与 AR 技术更进一步的发展，能够实现现实场景与虚拟场景的融合，使用户之间构建起交流闭环，增强用户体验。例如，MR 技术能够使真实存在的主持人在虚拟的场景中录制天气预报节目，且主持人还能够与虚拟场景进行交互。

MR 技术的特性使其更贴合新消费市场、工业及服务行业，在协同办公、教育培训、科技医疗、工业制造、电力、智能汽车等领域均有应用。

虽然 VR、AR、MR 技术的应用场景各有不同，但都能够赋能智能智造，促进企业数智化转型升级。

作为一家专注于打造 3D 化 GIS（Geo-Information System，地理信息系统）平台的人工智能公司，旅图公司自主研发人工智能深度学习技术与智能神经网络影像分析技术，结合 VR、AR、MR 技术，打造 3D 虚拟化地图。

旅图公司的 3D 虚拟化地图能够精准地呈现出虚拟现实场景，对现实世界实

现真实复刻。与 ERP、MES、PLC（Programmable logic Controller，可编程逻辑控制器）、物联网等进行连接，还能够实现虚拟世界与现实世界的协同工作。旅图公司打造的 3D 虚拟化地图，为智慧农业、智慧工业、智能产业、智慧文旅、智慧城市等领域提供了智能化解决方案。

旅图公司的这一智能化解决方案，还能够应用于智能工厂的构建中。该解决方案能够在 3D 虚拟工厂中，执行 SCADA（Supervisory Control and Data Acquisition，数据采集与监视控制）系统的操作命令。虚拟工厂与现实工厂高度一致化，虚拟工厂中的设备能够显示工作人员在现实中发出的指令或设置的数值，工作人员能够据此进行模拟操作。

将生产设备与视频监控系统连接后，工作人员在 VR 地图中就能够直接查看生产设备的具体运行状况，还能够及时处理生产中出现的问题。

旅图公司的智能化解决方案，不仅能够使工厂生产效率显著提升，还能够实现降本增效以及有效改善产品质量的目的，在对传统工业程序进行智能化改造升级的同时，也推动了智能智造的实现。

4.3　智能智造趋势下，企业转型升级

在智能智造趋势下，企业要关注重点领域，如汽车自动驾驶、智能家居等，以加快自身的转型升级进程。智能智造行业中不断涌现出许多领跑者，如碧桂园、沃丰科技、菜鸟网络等。这些企业通过深化智能智造转型升级，成为行业发展新标杆，其成功经验以及先进发展模式，值得各企业借鉴与学习。

4.3.1　关注汽车自动驾驶

随着深度学习技术的发展，越来越多的智能技术正在重塑人类的生产生活、社会交往、商业消费等诸多场景。在制造业的众多领域中，汽车自动驾驶领域正在被智能技术重构，逐渐成为智能技术落地应用的重要领域之一。

许多先进企业对汽车自动驾驶展开了深入探索，比亚迪就是其中的典型代表。比亚迪进军汽车自动驾驶芯片领域，成功实现对 IGBT（Insulated Gate Bipolar Transistor，绝缘栅双极型晶体管）功率半导体与 MCU（Microcontroller Unit，微控制单元）等工业与电控芯片的自研自制。目前，比亚迪正在招募 BSP（Board Support Package，板级支持包）相关的高端技术团队，从 BSP 入手对自动驾驶的专用芯片进行自主研发。

比亚迪通过与掌握产业发展优势的企业合作，实现在汽车自动驾驶领域的进一步发展。例如，比亚迪与汽车自动驾驶企业 Momenta 合作，成立合资性质的自动驾驶子公司迪派智行，在自动驾驶领域开拓市场；通过与拥有芯片、感知软件、激光雷达这三项技术的智能科技企业深圳市速腾聚创科技有限公司合作，比亚迪掌握了自动驾驶领域中更为先进的技术。

通过多方努力，比亚迪正在积极开展对汽车自动驾驶领域的探索，其自主研发的创新精神对行业中的各企业起到了引领与示范作用。

此外，富士康与英伟达（NVIDIA）展开深度合作，积极开发汽车自动驾驶平台。富士康将英伟达的 DRIVE Orin 芯片作为汽车制造电子控制单元，目标定位于全球汽车市场。

英伟达的 DRIVE Orin 芯片算力强大，每秒钟能够实现 254 万亿次运算。同时，该芯片还能够不断进行扩展升级，理论上能够满足 L5 级别全自动驾驶系统的运行需要。目前，英伟达还在积极开发一款名为 DRIVE Thor 的车载计算平台，该系统能够使浮点运算性能提高到 2 000 万亿次。英伟达的技术开发将大大促进汽车自动驾驶领域的发展，使汽车自动驾驶能够以更快的速度普及。

随着汽车智能化水平的提升，汽车自动驾驶已经成为汽车行业不可逆转的发展趋势。作为代工领域的龙头企业，富士康想要在汽车生产制造行业长期占据优势地位，就需要与英伟达等高端智能科技企业紧密合作，对汽车自动驾驶相关的智能技术进行深入探索。

4.3.2 移动互联网升级，智能家居成为新商机

随着移动互联网进一步发展，"互联网+"越来越成熟。"互联网+"体现了一种新型发展态势，是互联网与各传统行业的深度融合，即移动互联网、大数据、云计算等技术向社会生活、商业等领域扩散、应用的过程。

在"互联网+"迅猛发展的趋势下，智能家居成为新商机。重庆依莱卡实业有限公司顺应这一发展机遇，对全铝智能家居的设计、研发、生产、销售、服务等全过程进行专业化管理与经营。

该企业将安全防控系统、红外线感应、环境温度、智能化照明、湿度检测等功能融入智能家居整装系统中，并通过物联网技术与手机 App 系统的结合，为消费者带来智能橱柜、智能文件柜、智能升降茶几等产品。

华为、小米等巨头企业，早已开展对智能家居领域的业务布局。其中，华为更是涉足了底层协议、网络连接、硬件设备等诸多领域。

华为还推出全屋智能的"1+2+N"系统。"1"为升级鸿蒙系统的智能主机，"2"指的是升级至主机与系统之间的连接与交互，"N"指的是 N 个子系统全面升级为十大子系统。该系统是一个集计算、学习、决策于一体的"智慧家庭大脑"，使智能家居不再被动接受指令，而是能够根据周围环境进行自主决策。该系统所依托的鸿蒙系统生态链，具有无限扩容、数据传输稳定的特点，能够使家居越来越智能化、舒适化。

4.3.3 碧桂园：机器人助力智能建屋

建筑行业普遍存在着人力作业危险性较高、工人短缺、人工效率低、成本高等难题。近年来，随着智能技术逐渐成熟，智能机器人在建筑行业的应用逐渐深化。智能技术赋能建筑机器人，使其具备标准化、智能化、高效化等优势。

当前，涉足智能机器人领域的企业并不多，碧桂园率先进行尝试，进军智能机器人领域。博智林机器人公司是碧桂园专门成立的一家机器人公司，是一家主

要以智能机器人的设计、研发、制造、运营为主要业务的科技公司，专注于智能机器人的本体与核心零部件的打造以及相关核心技术的研发。碧桂园试图将那些繁重、危险性高的工作交给机器人做，让机器人盖房子的梦想成为现实。

2021年7月，碧桂园创始人杨国强表示，要做好机器人建房的试点工程，全面实现机器人建房。目前，碧桂园在这方面已经取得了不错的成绩：引入了多款建筑机器人，服务覆盖多个省份，涉及多个项目，累计施工超过百万平方米。

建筑机器人可以完成如下施工作业。

（1）智能随动式布料机可以矗立在施工作业面上，泵出大量混凝土。

（2）混凝土机器人小巧灵活，可以对地面进行抹平工作，降低工人的劳动强度。

（3）外墙喷涂机器人可以进行自动喷涂作业，避免高坠风险，喷涂效率非常高。

（4）自升造楼平台有同步顶升功能，可以自动控制高差，将顶升一层的时间缩短数倍。

（5）辅助吊装工具配有8个强力吸盘，可以有效提升工作效率，安全又省力。

（6）外墙错台打磨机器人采用模块化设计，体积小，重量轻，在打磨的同时具备吸尘功能，不仅效率高，还非常环保。

（7）外墙螺杆洞封堵机器人可以精准定位，完成自动封堵，成品观感效果好。

（8）外墙腻子涂覆机器人可以自动适应墙面变化，对墙面进行涂覆，把墙面打磨得更光滑，而且配有吸尘系统，有利于减少粉尘危害。

（9）地坪研磨机器人只要接收到工人在平板电脑上下发的施工任务，便可以立即自主作业，不仅研磨速度快，还可以让工地摆脱灰尘弥漫的情况。

与传统的工人自行操作相比，智能机器人施工有很多优势，如更安全、施工效率更高等。目前，碧桂园在每个区域都安排了懂建筑、会管理、有技术、不怕吃苦、敢于拼搏的人作为带头人，领导智能机器人建房的试点工程，不断提升在智能智造领域的核心竞争力。

未来，碧桂园将引入和推出更多建筑机器人，通过科学规划，使其有序地进入工地完成施工，而工人则只需要借助智能系统对施工过程进行管理和监测。为了机器人建房的推广，碧桂园正储备更多人才，进一步壮大科技团队，从而引领智能建筑新潮流。

4.3.4 沃丰科技：打造智能智造新标杆

沃丰科技是一家极具代表性的、提供人工智能运营服务解决方案的科技企业。围绕多样化、个性化的客户需求，沃丰科技专注于底层 AI 技术的研发，通过 AI 技术赋能企业的数智化转型升级，为客户提供有价值的解决方案与优质服务。

沃丰科技强调 AI 技术在各业务场景的落地与企业数智化转型升级，聚焦于客户体验与客户应用场景，致力于让服务与产品能够满足客户的多种需求。沃丰科技大力推动 AI 技术的产业化升级，依托多年累积的行业数据，通过对人工智能自我学习、自我升级能力的开发，为客户提供包括管理、营销、服务等环节在内的全场景 AI 解决方案，全面助力企业数智化转型升级。

同时，沃丰科技还不断深入探索垂直行业，扩大企业的技术优势，挖掘更多潜在的营销价值。例如，沃丰科技为奥克斯创建了智能呼叫中心，满足了奥克斯实现多系统对接的需求，使客服的服务场景能够跨系统融合，进一步消除了信息孤岛。

沃丰科技还为奥克斯提供 AI 语音智能机器人的服务，赋能企业客服。在人工客服休息时，AI 语音智能机器人能够提供全天候、无间断的接待服务。AI 语音智能机器人可自主解决如自动下单、自动报修等一系列问题，业务覆盖率达 85%，使消费者的需求能够及时得到满足。AI 语音智能机器人在降低人工成本的同时，也使消费者获得了更加优质的消费体验。

AI 语音智能机器人与人工客服协同工作，能够使人工客服将工作重心转向优化服务流程与服务内容、提升服务价值上，进一步提升人工客服的工作能力与创新能力。

依托大数据、人工智能、云计算等智能技术，沃丰科技推出 AI 场景落地专家 GaussMind、全渠道客服系统 Udesk、一体化智能售后服务平台 ServiceGo、智能客户体验管理 CusBridge、基于企业微信的微丰 CRM 五大产品线，为企业提供覆盖客户全生命周期的智能化营销服务解决方案。

从技术层面来看，底层 AI 技术与低代码的 PaaS 平台架构是沃丰科技的技术基础。长期的发展使其积累了巨大优势，同时在研发团队的不断努力下，沃丰科技的智能技术不断升级，"短平快"的技术开发特点使其在市场竞争中始终占据优势地位。

沃丰科技坚持自主研发的发展模式与 AI 技术这一核心驱动力量，全面赋能基于客户需求的全维度产品，完善产品矩阵，在助力各种类型客户实现智能智造转型升级的同时实现企业可持续发展。

4.3.5 菜鸟网络：以智能互联和同业协作为核心

借助大数据、云计算等智能技术，菜鸟网络科技有限公司专注于提供物流网络平台服务以及高效协同的一体化业务流程，致力于构建全球性物流网络，以进一步提高物流行业水平，降低物流成本，提高商品流通周转速度，优化消费者体验。

智能互联与同业协作是菜鸟网络的发展核心。作为共赢价值链的生态中枢，菜鸟网络坚持打造智能驱动型以及高效协同型的智慧物流平台，以智能化服务提升物流行业效率。

目前，菜鸟承载了新零售态势下电商行业的大部分物流业务。凭借技术创新，菜鸟网络引领了物流行业的数智化转型升级。

菜鸟网络发展无人仓储技术，大规模无人仓被投入实际运营中。菜鸟网络在天津武清、湖北武汉、江苏无锡、浙江嘉兴、广东惠阳等地，都部署了无人仓群。菜鸟网络通过自主研发的系统将这些无人仓群连接起来，实现对仓储环节物流链路的全面把控。

菜鸟网络采用人工智能分单模式，有效解决传统分单模式可能出现的分拨层级过多、人力消耗大、分拨时间过长等问题。人工智能技术以及先进的机器学习技术，使菜鸟网络能够通过装配有智能硬件设备与软件管理系统的自动化流水线实现智能分单。这不仅节省了大量人力、物力成本，也使分单效率大幅提升，使商品能够以最快速度到达消费者手中。

在物流作业中，菜鸟网络还推行智能打包算法。该算法能够对商品的体积与外观进行快速计算，在打包作业的现场，帮助工作人员智能选择与商品最匹配的打包箱型。这一算法不仅能够提高工作效率，还节省了包装耗材，有利于物流行业绿色、环保、可持续发展。

此外，菜鸟网络还推出许多智能装备，以促进物流行业的数智化转型升级，如智能拣选机器人、智能缓存机器人、智能无人配送车、智能无人机等。

除了进行数智化转型升级外，菜鸟网络还积极推动同业协同发展。由于消费市场十分庞大，加之众多购物节的加持，任何一家单独的物流企业都难以承担所有的物流业务。因此，菜鸟网络十分重视同业协同合作，积极发挥开放平台优势，通过系统与数据的对接，协同全行业的仓储调配、物流人员等资源。

借助超级物流智慧大脑，菜鸟还将平台、商家与快递公司之间的数据打通，使各方能够形成积极的良性互动，促进快递业务高效流转。

技术篇
技术引领智造未来

第5章
数字孪生：让智能智造超越现实

> 在人工智能、大数据、云计算、5G等前沿科技与各个产业深度融合的背景下，数字孪生技术逐渐出现在人们的视野中。数字孪生技术可以被应用在多个领域，如产品设计、医学分析、工程制造等。数字孪生技术的意义在于其实现了现实物理系统向虚拟空间数字化模型的反馈，实现了让智能智造超越现实。

5.1 数字孪生概述

数字孪生被称为"数字双胞胎"，是一种将物理世界的要素数字化，并在数字空间创造一个与之对应的虚拟世界，实现两个世界同生共存、虚实交融的技术。下文将从数字孪生的概念与价值入手，详解其如何助力企业实现智能智造转型升级。

5.1.1 思考：数字孪生的概念与价值

数字孪生技术以计算机图形学和人工智能技术为基础，将现实世界镜像化到虚拟世界，即根据现实物体创造一个数字化的孪生体。现实物体与数字孪生体之间相互影响、相互促进。简而言之，数字孪生就是创造一个还原现实世界的虚拟场景，支持人们在其中进行开发设计、模拟制造、检测、分析和控制，并得到结果。

数字孪生强调动态仿真、分析和辅助决策，注重现实世界对象在虚拟世界的重现。数字时代，数字孪生作为一种重要的数字技术，备受行业内外关注。那么，数字孪生有哪些意义呢？如图 5-1 所示。

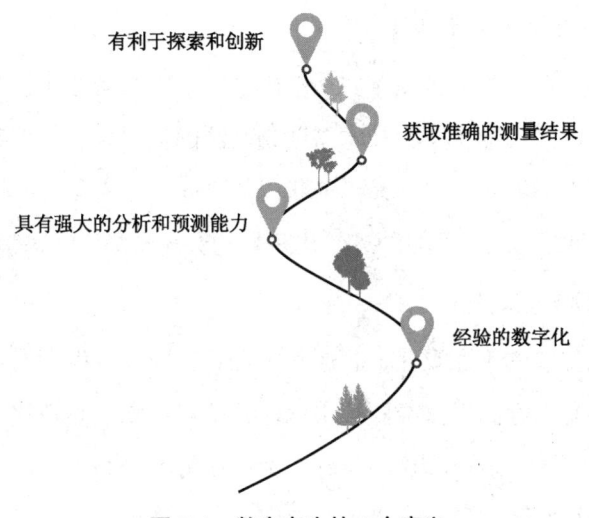

图 5-1 数字孪生的 4 个意义

1. 有利于探索和创新

数字孪生运用数据建模技术、人机交互技术、设计工具、仿真工具等多种数字化手段，将现实物体映射到虚拟空间中，形成了可复制、可移动、可删改的数字镜像，可加快操作人员对于现实物体的了解。数字孪生技术可以让许多由于现实条件限制、需依赖现实实体而无法完成的操作，如模拟仿真、虚拟装配等，在虚拟空间中实现，有利于人们探索未知，不断优化、创新。

2. 获取准确的测量结果

工业领域的真理是只要能够测量就能够改善。无论是开发设计、制造还是服

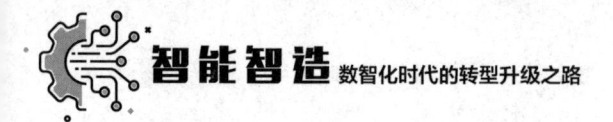

务，都需要准确测量现实物体的属性、参数，从而实现科学的分析与优化。但是传统的测量方法要依赖于各种测量工具，如传感器、采集系统等，才能获得准确、有效的测量结果，这就限制了测量覆盖的范围。实际上，许多物理测量工具无法采集到的数据，会对产品的优化有重要作用。

数字孪生技术可以获取准确的测量结果，扩大测量范围。数字孪生技术借助物联网与大数据技术，采集传感器指标的直接数据，通过机器学习推测出无法直接测量的指标，获得准确数据。

3. 具有强大的分析和预测能力

目前的产品生命周期管理很难实现准确预测，因此企业无法对隐藏在表象下的问题进行预判。然而数字孪生技术借助物联网的数据采集、大数据的信息处理与建模分析技术，能够实现对产品当前状况的判断、过去问题的诊断以及未来趋势的预测，并通过模拟各种可能性，给出可靠的分析结果，为科学决策提供支持。

4. 经验的数字化

数字孪生在传统的工业设计、制造和服务等领域发挥极大的作用，能够利用数字化手段将不易保存的专家经验数字化，并保存、修改和转移。例如，针对大型设备在运行过程中出现故障这一问题，基于传感器中的历史数据，数字孪生可以通过机器学习总结不同故障场景下的数字化特征模型，并将其与专家的处理记录结合，作为未来设备出现故障时做出准确判断的依据。

5.1.2 数字孪生与 AI 融合发展

数字孪生是企业实现数字化、智能化的重要技术之一，在数据采集、系统优化、模拟仿真等方面具有重要作用，能够助力产业数字化，促进数字经济与实体经济融合。数字孪生可以与许多新兴技术融合，为各行各业赋能。

数字孪生与 AI 融合，可以使物理实体在信息化平台内实现更真实、高效的数字化模拟。例如，数字孪生系统引入 AI，就可以根据更大规模的数据进行自我学习，从而几乎实时地在虚拟世界中呈现物理世界的状况，并对即将发生的事情进行预测。

在 AI 等技术的推动下，数字孪生目前已经在很多领域得到了很好的应用，如制造、建筑、医疗、城市管理等，并涌现了很多不错的案例，如表 5-1 所示。

表 5-1 数字孪生的应用情况

	制造	建筑	医疗	城市管理
应用场景	波音 777	北京大兴国际机场、艺术馆	数字心脏	城市整体布局
孪生对象	数字孪生产品 数字孪生生产线 数字孪生工艺	建筑物龙骨 建筑物管网	心脏结构 血液灌流 心电动力	城市管网 气象天气
实现载体	MBD（Model-based Definition，基于模型的定义） MBE（Model-based Engineer，基于模型的工程） MBM（Model-based Manufacturinging，基于模型的制造） MBS（Model-based Sustainment，基于模型的维护）	BIM（Building Information Modeling，建筑信息模型）	达索 Living Heart（虚拟心脏）	达索 3D Experience City
效率提升	研发周期由 89 年缩短至 5 年；实物仿真几百次减少至几十次；生产成本降低 25%以上	建造成本降低 5%左右；建造工期缩短 10%；返工率降低 50%	降低手术风险；提高药物作用、精度；快速制定个性化治疗方案	应急处置效率提高 30%；拥堵率降低 25%；减少城市管理成本
功能价值	产品性能改良 制造流程优化 设备运行监控	建筑物结构设计；建筑物各类资源优化；应急方案预演	器官状态监测 心脏手术预演 药物扩散模拟	城市规划辅助设计；区域状态异常预警；城市资源优化配置
发展阶段	由单设备设计、生产、运维到多设备互联、协同、优化	由单体建筑仿真模拟到建筑群资源优化配置	由单个脏器监测、模拟到多器官协同治疗	由单一城市监控、优化到多城市联动、资源配置

以数字孪生在城市管理领域的应用为例，在杭州市萧山区，阿里云旗下的 ET 城市大脑可以对交通信号灯进行自动控制与调配，让救护车到达现场的时间缩短了 50%以上，为患者开辟了一条畅通无阻的"绿色生命线"。

此外，达索公司的"Living Heart"项目借助 AI、数字孪生技术，掌握了通过肌肉纤维产生电力的方法，以复刻心脏的真实动作，建立高度仿真的 3D 心脏模型，使外科医生可以更精准地规划最佳手术方案，让患者得到更好的治疗。

随着数字孪生与 AI 的进一步融合，二者的价值会更充分地体现出来，在越来越多领域发挥更重要的作用。企业要建立一套与物理世界实时联动的数字孪生技术体系，对各方面资源进行优化配置，打造数智化时代的新型发展模式。

5.1.3 数字孪生助推智能智造发展

数字孪生的不断发展，为传统制造业向智能智造迈进赋能。数字孪生技术能够打造虚拟世界，将制造业的各个环节在虚拟世界中进行模拟。最常见的是将设计环节搬进虚拟世界，这样不仅可以节约成本，还可以提高设计效率，快速响应用户的需求。

数字孪生技术的应用，使产品生产不再受限于物理材料和流水线。当设计师想要调整服饰、汽车的设计时，不需要浪费材料重新设计，只需要修改相关参数即可。这使产品设计更具可持续性，不会因改变设计产生新的材料浪费，进而降低了企业产品迭代的成本，提升了对用户需求的响应速度。

随着各企业对数字孪生技术的不断探索，该技术将逐渐应用到智能智造的更多场景中。在数字孪生赋能方面，英伟达推出了虚拟协作平台 Omniverse，助力企业通过虚拟协作实现智能智造。Omniverse 平台分为 5 个部分：Nucleus 是核心，负责协调所有服务和应用；Connect 负责连接 Omniverse 和其他 3D 工具；Kit 能让开发者用自己喜欢的语言进行开发；Simulation 负责进行物理模拟；RTX Renderer 负责渲染图像。

Omniverse 平台自推出后，获得了很多企业客户的喜爱。例如，宝马集团利用 Omniverse 平台构建了自己的数字孪生工厂，生产效率大幅提升；英国福斯特建筑事务所把 Omniverse 平台当作实时协作工具，提升了团队协作效率。

同时，Omniverse 平台中拥有许多辅助工具和垂直应用。首先是 Omniverse

Avatar。它可以帮助开发者创建能够与人交互的虚拟形象。Omniverse Avatar 打造出来的虚拟形象可以流畅地与人沟通，充当服务员、车载虚拟助手等角色。其次是 Omniverse Replicator。这是一款合成数据生成引擎，它可以代替人工处理复杂的 3D 数据。基于这个引擎，英伟达发布了面向通用机器人的 Isaac Sim 以及面向自动驾驶的 DRIVE Sim 两款应用。

Isaac Sim 是一款仿真机器人，它支持传感器建模，并且能真实地模拟物理特性。DRIVE Sim 则可以模拟自动驾驶汽车上的"环绕摄像头"，包括运动模糊、滚动快门、LED 闪烁等。

英伟达通过 Omniverse 平台为数字孪生在工业制造领域的应用提供技术支持。除了英伟达外，百度、微软等企业也在这方面进行了探索。未来，在这些科技企业创新发明的推动下，更多工业场景将由现实走向虚拟，实现智能智造。

5.1.4 西门子：打造闭环型数字孪生

数字经济不断发展，给经济增长与社会进步带来了巨大影响，开展数智化转型升级已经成为各行各业的发展趋势。制造业面临运营成本增高、产品同质化等多重挑战，越来越多的企业开始利用数智化转型升级寻求发展机会。西门子聚焦于工业科技智能创新，通过数字化技术帮助制造企业构建数字孪生发展闭环，实现制造工艺与生产系统的设计、优化，帮助企业获得竞争优势。在打造闭环型数字孪生方面，西门子主要采取了以下两种措施。

1. 打造全面的数字孪生

数字孪生是推动制造业实现数智化转型升级的重要力量。西门子表示，只有打通现实世界与虚拟世界的通道，实现数字孪生，制造业才能实现真正的转型升级。为了实现这一目标，西门子做出了许多尝试，最终实现了全面的数字孪生，包括产品、生产、性能等方面的数字孪生。

（1）在产品数字孪生方面，西门子在虚拟世界中实现了产品的设计、验证、制造和优化。西门子利用数字化工具进行设计验证，再到生产现场实施、数据监

控与记录，最后将数据反馈到生产设计端，完善产品设计，优化产品系统。

例如，上海交大智邦科技有限公司使用的瀑布式串行工作流，存在周期长、成本高、调试问题频繁等问题。西门子利用数字孪生技术进行生产线设计、验证，通过虚拟调试技术减少了现场实施的错误，有效节约了项目实施时间与成本。这为上海交大智邦的数智化转型升级打下坚实基础。如今，上海交大智邦的机器人自动化控制、机械设计等，都可以在数字孪生软件中进行验证。

又如，位于奥地利的宝马发动机有限公司是宝马集团最大的发电机厂和柴油能力中心，其致力于在保持发动机生产产能的前提下提高灵活性，减少生产线能耗。西门子通过将现场测量数据输入仿真工具中，开展优化工作。西门子通过仿真工具，识别出宝马的生产车间的许多设备是无效开机，可以申请关闭，并将更新的控制逻辑在生产车间中实施。实施后，该生产车间每年能够节省300万度电，节约了生产成本。

（2）在生产数字孪生方面，在产品投入生产前，西门子可以通过生产线仿真人机工程，在虚拟世界中验证生产线的排产、生产，再在物理世界中架构生产线。这种方法不仅可以节省大量物资，还可以多次实践，实现快速优化。

（3）在性能数字孪生方面，西门子可以通过工业互联网、物联网等途径收集数据，对异常信息进行判断，在闭环的虚拟世界中检测问题发生的环节，或者基于当下的不足在虚拟世界中优化产品。

2. 借助云平台，加速数字孪生落地

西门子借助云平台和私有云平台，打造闭环数字孪生，并将云计算与工业软件结合，使其产生连接价值，逐渐渗透到制造业的核心场景中。在"2022年大中华区Realize LIVE用户大会"上，西门子表示，旗下数字化工业软件将与亚马逊云科技合作，于2022年秋季向客户推出"Xcelerator即服务"（Xcelerator as a Service），以高可访问性、可扩展性及灵活性的云工业软件帮助企业降低产品设计和生产复杂度。

Xcelerator可以基于云提供延长服务，还可以为客户提供全球服务。例如，西门子数字化工业软件和亚马逊的合作,能够满足有些客户全球访问与服务的需求;有些企业有国内云需求,西门子数字化工业软件可以为其提供和腾讯云合作的低代码平台,以及与阿里云携手落地的 MindSphere 物联网操作系统。

西门子积极与多家企业展开合作,加速数字孪生落地,使其产生更多价值。西门子帮助知名企业李锦记集成数字化与自动化,使其实现灵活生产,提高产品质量;帮助商飞公司搭建工业物联网与低代码平台;与可口可乐达成战略合作,为其量身打造智能智造信息系统。该系统与其他系统联动,预计每年可为可口可乐工厂节约 1 000 万千瓦时用电量,减少 7 500 吨碳排放,帮助可口可乐在工业制造中完成减碳目标。

当前,数字技术与制造业的融合程度不断加深,数智化转型升级成为制造企业参与市场竞争的核心力量。西门子打造闭环型数字孪生,为众多制造企业的数智化转型升级提供助力。

5.2 数字孪生助力智造发展

数字孪生是智能智造的前提与基础。当前,数字孪生技术正逐步向智能智造的各个领域渗透,许多企业开始利用数字孪生技术提高产品生产与运营效率。作为数字化发展的高级阶段,数字孪生将不断推进企业朝着数字化、信息化、数智化方向发展。

5.2.1 数字孪生赋能产品智能生产

数字孪生可以应用在多个领域的多个制造环节中,最常见是应用于产品生产环节。数字孪生可以在物理生产设备投入实际生产之前,在虚拟世界中对其进行验证、监控、流程优化。

数字孪生能够赋能产品生产,模拟产品生产流程。数字孪生虚拟车间能够真实还原物理世界的生产车间,模拟生产过程。数字孪生技术对生产流程与设备生产的关键动作进行模拟,以虚拟动画的形式清晰展现各道生产工序。同时,数字孪生可以针对不同工序进行深度开发,将生产数据与三维模型设备融合,实现三维模型设备与现实物理生产设备的联动,实时呈现设备运行数据。

例如,利用数字孪生技术,拜耳作物科学有限公司为其在北美地区的9个玉米种子生产基地建造了虚拟工厂。虚拟工厂可以对生产基地的设备、流程、物料清单与操作规则进行动态数字展现,帮助公司对生产基地进行假设分析。

当公司准备推出新的种子处理方案或定价策略时,就可以使用虚拟工厂来评估生产基地是否有能力支持新方案或新策略。公司还可以利用虚拟工厂进行投资决策,制订长期业务计划,改进生产流程。通过虚拟工厂,拜耳作物科学公司可以将9个生产基地10个月的运营过程用2分钟演示完毕。

数字孪生技术能够提高企业生产的智能化、自动化程度。例如,空中客车公司将数字孪生技术应用于飞机组装生产,提高了生产的自动化程度,缩短了交货时间。

在飞机组装生产的过程中,因为存在CFRP(Carbon Fibre-Reinforced Polymer,碳纤维增强基复合材料)组件,所以剩余应力不得超过特定值。为了减少剩余应力,空中客车公司(AIRBUS)开发了应用数字孪生技术的大型配件装配系统,通过智能控制减少了剩余应力。该系统的数字孪生模型具有两个特点。

(1)建立不同层级的数字孪生体。在装配系统中,不仅有各个组件相应的数字孪生体模型,还有系统本身的数字孪生体模型。系统本身的数字孪生体模型可以应用于系统设计,为装配过程提供预测性仿真。

(2)虚实交互与数字孪生体协调工作。在装配过程中,多个定位单元都配备传感器进行数据收集,同时与相邻的定位单位相互配合。传感器将获得的待装备体数据与位置数据传输到定位单元的数字孪生体。数字孪生体通过对数据的处理来计算相应的校对位置,并在剩余应力的限制范围内引导装配过程。

上述企业对数字孪生技术的应用案例佐证了数字孪生技术的重要价值。未来,数字孪生必将与传统制造业加速融合,赋能产品智能生产。

5.2.2 数字孪生赋能运维环节

数字孪生技术连接了物理实体与虚拟镜像，为制造业实现转型升级提供了全新视角。制造业的数智化转型升级在带来强大生产力的同时，也为运维管理带来了巨大压力。而数字孪生技术能够赋能运维环节，促使运维环节不断升级。

1. 数字孪生技术赋能智慧锅炉运维

锅炉是广泛应用的热能装备，但是燃煤工业锅炉的污染物排放量较大，是城镇大气污染的主要排放源。

企业可以通过数字孪生技术构造虚拟空间，通过 3D 可视化智慧锅炉监控场景，清晰、直观地观看设备的部件组成以及动态运作过程。这在保障锅炉安全的同时，也有利于实现碳减排。

数字孪生、物联网、大数据、云计算等智能技术的应用，可以对锅炉以及安全附件检验信息进行动态采集，并通过对接智能传感器实时采集锅炉运行的压力、水位、温度等数据，辅助企业进行锅炉热效率计算。同时，锅炉还可增添报警通知模块，以实时监控运行安全、维护保养等情况，避免安全事故发生。

2. 数字孪生技术赋能供应链运维

宠物护理和食品商玛氏公司（MARS）在其供应链上使用了数字孪生系统，以支持其业务发展。该公司使用 Microsoft Azure 云平台和人工智能技术处理生产机器产生的数据，通过 Microsoft Azure 数字孪生物联网服务优化其 160 个制造设施的运维。此外，通过软件模拟，玛氏公司的产能进一步提高，并实现了对生产流程的控制，例如，通过预测性维护延长机器的正常运营时间，减少生产物料的浪费。通过数字孪生技术，玛氏公司生成一个虚拟的"用例应用商店"，可以在其业务线中重复使用。

3. 数字孪生技术赋能风电场可视化运维

风电是以新能源为中心的新型电力系统的主力电源，其智能化水平直接影响电力系统的安全、高效运行。数字孪生技术可以构建风电场实景平台，提供风机

全生命周期可视化管理，降低运维成本，提升管理效率。

企业可以通过数字孪生技术构建实体风机映射，通过大数据技术分析风电场状态，实现机组优化控制；整合风电场运维环节的各个数据，实现风电场全生命周期运维管理。具体可实现的应用有以下几个方面。

（1）数字孪生风机发电量可视化。工作人员可以通过 2D 面板观看风机发电指标，通过曲线图发现电功率随风速变化的趋势，及时做出调整，避免因运维活动安排不当而造成的损失。

（2）数字孪生远程叶片运转监测。叶片能够感受风能，是风机几大系统中最先承压且承压较重的部件。工作人员可以通过分析无人机倾斜摄影采集的图片，了解叶片运行状态，避免出现事故。

（3）数字孪生设备可视化管理。借助数字孪生技术，工作人员可以实现对风机运行过程的诊断与预测，根据风机的运行状况，进行合理调度与决策，提高风机安全性，实现智能化管理。

数字孪生技术能够满足企业数智化转型升级的需求，全面赋能运维环节，实现运维过程全覆盖实时监测，使运维数据客观、可控、可测。

5.2.3 中企网络："AR 千里眼"远程运维

业务数字化转型升级成为企业发展的关键，将数字技术与核心业务有机融合，是业务数字化转型升级的核心要求。

中信集团成员企业中企网络通信技术有限公司（以下简称"中企网络"）与香港应用科技研究院有限公司（以下简称"应科院"）联合推出了一项融合 AR 解决方案的服务——"AR 千里眼"远程运维服务。

该项服务可以颠覆工程师的运维流程，改善用户体验。借助可穿戴式的 AR 设备，可以实现远程系统运维与故障排除，大幅降低工程师的运维时间与人力成本。

从目标来看，中企网络与应科院共同推出"AR 千里眼"项目，是希望跨越地域的距离，帮助中企网络及其母公司全球的工程师与合作伙伴提升服务效率与客户体验。中企网络表示，随着企业跨区经营现象增多，IT设备种类不断增加，更新速度逐渐加快，企业运维以及管理难度大幅增加。尤其是距离使得企业IT人员运维成本增加，耗费时间也相对较多，这些都促使运维服务不断升级。

在"AR千里眼"远程运维服务中，中企网络的工程师佩戴AR眼镜进行专业操作，通过AR眼镜，将现场的信息、图像、总体情况等以加密数据的方式传输给用户，用户可以在任意地点享有数字化运维场景，实现精准、高效的协同合作。"AR千里眼"远程运维服务可以跨越距离、语言的障碍，在工程师不需要东奔西跑的前提下，确保客户的业务进展顺利。

例如，中企网络的一个客户需要进行在线营销系统的扩容，这涉及两个重要动作：一个是扩容数据中心的服务器；另一个是数据中心对供应链的系统进行网络割接，这需要多方同时协作，但是由于地域问题，很难实现。

客户了解了"AR千里眼"远程运维服务后，便申请了服务支持。随即，该企业的员工与中企网络的工程师借助设备进行了实时联动，在极短的时间内完成了两个重要动作，效率极高。

中企网络曾透露，"AR千里眼"远程运维服务在研发过程中面临许多挑战：一是AR技术的拓展不多，仅仅在工业与消费领域有一些落地应用，但总体上处于起步阶段。AR技术与ICT（Information and Communications Technology，信息与通信技术）的融合并不多，没有可以借鉴的成果，只能自己进行研究。二是中企网络渴望通过这项技术为客户带来更多的价值。因此在"AR千里眼"远程运维服务落地前，其团队一直在反复验证使用"AR千里眼"远程运维服务前后的效率、体验提升，希望能满足用户在实际应用场景中的需求。最终，中企网络与研发实力雄厚的应科院达成合作，使得这项服务成功研发并落地。

应科院于2000年成立，聚焦于科技研发，具有强大的技术实力。应科院在计算机视觉、大数据分析等方面具有丰富的专业知识，而中企网络拥有丰富的跨域技术集成研发经验，能够为客户提供满意的优化解决方案。双方的合作能够实现

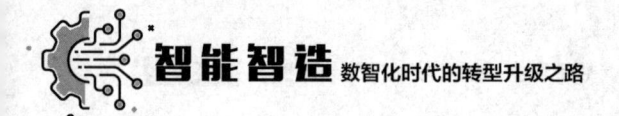

优势互补，促进行业创新与社会发展。

随着"AR 千里眼"远程运维服务的推出，中企网络更加意识到数智化转型升级对企业发展的重要性。许多企业积极利用科技的力量加速业务数字化，而中企网络也不断鞭策自己，不断创新，推出更多 ICT 方案，帮助客户解决更多难题。

目前，中企网络已经在全国多地设立了研发团队。未来，中企网络将拥有更多创意思维，拓展更多应用场景，推出更多智能创新服务，不断升级运营模式，挖掘更多商机。

5.2.4 可视化场景：工厂三维建模

大多数制造企业仍旧采取传统方式对生产制造系统进行管理，这造成生产管理过程存在不透明的弊端。此外，企业通过传统表格方式进行资产管理，不利于了解资产的实体形态、摆放位置、工作或维修状态。工厂三维建模与可视化技术可以在很大程度上解决生产系统不透明问题。

随着三维可视化技术和应用日渐丰富，工厂三维建模的发展环境渐趋成熟。三维可视化技术能够为企业带来良好的视觉体验，提高工作效率。

许多企业在采购生产设备时，都会要求设备供应商提供具有三维模型的数字化设备。生产线集成商在交付工程时，也会为企业提供一套数字化生产线，让企业在后续可以持续使用。

许多工厂的生产线设计与工厂建模工具已经相对成熟，例如，西门子的 NX Line Designer 是一种面向制造工程师的完整生产布局解决方案，借助产品、工具和生产系统设计的统一平台完成整个布局流程。NX Line Designer 能够利用丰富、可扩充的生产资源库，设计定制化的生产线；能够实现生产线的三维可视化，关联相关信息；三维模型还可以输出工程图纸，用于生产线的生产制造。

NX Line Designer 还采用点云技术实现历史资产快速 3D 可视化。企业不仅可以从 0 开始为每个厂房新建模型，还可以对现有的工厂进行快速扫描建模，实现工厂的整体可视化，同时，也可以为未来生产线的逐步调整优化提供建模背景。NX Line Designer 可以实现新建的三维模型和点云扫描模型的结合，随着工厂的持续优化，点云模型逐步被新的三维模型取代。

建立工厂三维模型有 5 个好处：一是实现全部资产数字化管理，任何人在任何地点都可以查看工厂的情况；二是三维模型可以为工厂的仿真生产提供基础；三是可以基于工业物联网或者生产现场系统的反馈获得实时数据，实现全球工厂实时信息触手可及；四是可以对工厂整体布局、车间内部结构以及工作流程进行分析与规划，为公司决策提供依据；五是实现静态描述与实时动态相结合，全方位、多层次实现生产制造系统的透明化。

工厂三维建模与可视化技术实现了生产系统透明，有利于增强企业对其工厂内部情况的全方位了解。

5.2.5 机器人仿真与虚拟调试

在工业制造领域，机器人的应用范围越来越广，机器人逐渐取代人力，成为生产主力。企业购买机器人时，厂商都会提供 PLC 程序。但是 PLC 程序不够智能且稳定性差，不能够根据生产场景的优化、调整而自动改变，最终机器人只会成为执行固定流程的自动化设备，增加企业成本。

而数字孪生能够解决这一问题。在数字化工厂环境中，多品种切换或者新品种的引进，都需要对机器人的 PLC 程序进行切换、调整与优化。基于数字孪生的机器人仿真与虚拟调试工具能够满足工厂的多种需求，使机器人成为柔性的智能化设备。

机器人仿真与虚拟调试工具不仅是简单的离线编程，还是解决复杂的工作场景、机器人之间的互相协作等问题的重要工具。该系统能够在需要人机协作的情况下保障机器人与工作人员的安全。同时，该系统还具有自动识别工件曲面，优化机器人的工作姿势，优化工作流程，节省能耗等优点。

基于数字孪生的机器人仿真与虚拟调试工具，能够对机器人协作或生产系统进行虚拟调试,在虚拟空间中验证机械操作顺序、校验 PLC 控制代码、诊断测试机器人的控制程序和执行系统等;在硬件到位前,推算出正确的控制策略,提升机器人之间的协作效率,减少生产系统调试所耗费的时间。

总之,基于数字孪生的机器人仿真与虚拟调试工具可以消除机器人不够智能的弊端,为企业节省时间与成本,提高调试效率。

5.2.6 Unity:推出数字孪生工厂

数字化浪潮不仅改变了人们的日常生活,还改变了工厂的运行模式。2022年1月,Unity 宣布与现代汽车公司展开合作,共同打造数字孪生工厂——元工厂。元工厂能够营造最佳作业环境,让现代汽车在虚拟空间中进行测试、评估、计算等工作。

双方合作的目的是打造一个实时 3D 平台,为消费者提供更全面的销售、营销、消费服务,让消费者有机会在购车之前进行虚拟试驾,检验并了解汽车的性能。现代汽车计划以新加坡创新中心为试点,将其打造成开放的研发中心,促进 AI、5G 及其他智能技术与制造工厂的整合,从而进一步加快智能智造的发展。

元工厂最大的功能是借助数字孪生技术提高工厂的效率与产量。Unity 在 3D 可视化、CAD 流程衔接、物理模拟、机器学习、互动内容制作等方面拥有丰富经验,它可以让元工厂实时监测生产流程、进行生产模拟、自动化训练机器人,从而为未来打造其他的数字孪生工厂奠定基础。

此外,大体量数据的处理工作也不容忽视。元工厂产生的数据预计达到 100 万 GB,处理如此大规模的数据需要借助 Unity 的数据优化与传输技术。

除了汽车制造,汽车营销和自动驾驶研发也可以应用 Unity。用 Unity 制作的市场营销数字内容可以产生真伪难辨的画质,企业可以快速制作出车型配置器、虚拟展厅、培训应用等互动应用。另外,在自动驾驶领域,企业可以在虚拟空间中搭建各种行车环境,以此检测自动驾驶汽车在极为罕见的驾驶情形下的性能,提高自动驾驶的安全性。

  Unity 的目标是普及数字孪生技术，让每个人都能研发自己的项目。此次 Unity 与现代汽车的合作就是一次有益尝试。随着这类平台的广泛应用，未来，制造领域的设计师和工程师可以随时获取产品的数字拷贝，提升整个生产制造流程的效率。

第6章
AI：人机协同，助力智能智造转型升级

> AI在人机协同中扮演着主要角色，AI突破了传统行业的思维限制，为传统行业提供先进智能技术和软硬件支持。AI催生了智能智造时代的新技术、新生态、新产品、新模式、新业态，开拓了更加广阔的智能智造市场。

6.1 数智化时代，AI助力智能智造转型升级

数智化时代的发展离不开AI的助力，AI推动了制造业向智能化发展，为智能化生产提供了更可靠的技术和解决方案。AI赋能传统制造业，催生制造行业新机遇，AI在社会经济发展中所发挥的作用不容小觑。

6.1.1 思考：AI是什么

为了实现智能化改造，很多企业将技术研发焦点放在了AI领域。AI能够帮助企业完成很多复杂、精细的工作，减少企业的人工成本，提高企业生产与运营效率。

1. AI 概念的提出

1956 年，AI 这个概念在达特茅斯会议上被首次提出。当时的时代背景是第一次工业革命后，工业生产追求自动化，期望加快实现机器换人。同时，部分企业追求智能化柔性生产，期望加快实现人机协同。最初，AI 技术的作用就是使机器配合人。

AI 是计算机科学的一个分支，随着人们对计算机科学研究的不断深入，AI 也获得了高速发展。如今，计算机系统基本实现了全行业覆盖，如计算机辅助设计、通信技术、医疗设备、自动控制等。

AI 是自然科学和社会科学的交叉，主要应用于生物学、神经学、哲学等学科。它可以帮助人们在这些领域开发、设计相关功能，如分析决策、学习和解决难题等。AI 通过模仿人类的思维模式、学习与工作方式，使计算机可以更加智能地处理问题。

2. AI 的主要应用场景

（1）网络游戏。AI 可以应用于不同类型的网络游戏中。以棋类游戏为例，在棋类游戏中，AI 可以测算对手可能落子的位置并测算自己的最优落子位置。

（2）语言处理系统。例如，翻译系统利用 AI 的自然语言处理技术将源语言转换为目标语言；文档处理软件利用 AI 自然语言处理技术自动纠正文档中的错别字。

（3）智能识别系统。智能识别系统的常见功能有语音识别、人脸识别与车牌识别等。在语音识别中，AI 可以通过对音色、声调、重音等的准确把握，理解、转化并表达不同的语言。人脸识别应用 AI 的计算机视觉技术，通过人物面部特征检测，快速识别人物身份，常被应用于智慧出行、楼宇管理等领域。车牌识别则被用于违章抓拍、ETC（Electronic Toll Collection，不停车收费）等，规范了人们的生活，给人们生活提供便利。

（4）智能机器人。智能机器人是 AI 技术落地应用的重要领域。智能机器人搭载传感器装置，能感受到现实世界的光、温度、声音、距离等，获取相应的数据。

随着数据的不断积累以及机器学习技术的助力，智能机器人能够执行越来越多的任务。

智能机器人拥有高效的处理器、多项传感装置与强大的深度学习能力，所以在处理任务的过程中，它们从一开始的简单、烦琐型工作中吸取经验来适应新的环境，逐渐可以胜任难度更高的工作。

6.1.2 发展之路：从弱AI到超AI

现如今，AI存在于生产与生活的各个环节中。AI有着漫长的发展过程，这个过程也是从弱AI向超AI转化的过程。

1. 弱AI

弱AI只能进行某一项特定的工作，因此，其也被称为应用型AI。弱AI没有自主意识，也不具备逻辑推理能力，只能够根据预设好的程序完成任务。例如，苹果公司研发的Siri就是弱AI的代表，其只能通过预设程序完成有限的操作，并不具备自我意识。

2. 强AI

从理论上来说，强AI具备以下几种能力。

（1）独立思考能力，解决预设程序之外的突发问题。

（2）学习能力，进行自主学习和智慧进化。

（3）自主意识，对于事物做出主观判断。

（4）逻辑思考和交流能力，与人类交流。

3. 超AI

超AI在各方面的表现都将远超强AI。超AI具有强大的复合能力，在语言、运动、知觉、社交及创造力方面都有出色的表现。超AI是在人类智慧的基础上进行升级进化的超级智能，相比于强AI，超AI不仅拥有自主意识和逻辑思考的能力，还能在学习中不断提升智能水平。

不过，对于AI的研究现在还处于弱AI向强AI的过渡阶段。而在强AI的研究过程中，科研人员依旧面临着诸多挑战：一方面，强 AI 的智慧模拟无法达到人类大脑的精密性和复杂性；另一方面，强 AI 的自主意识研究也是亟待攻克的难题。虽然从弱 AI 向超 AI 的转化还有很长的路要走，但可以预见的是，AI 将向云端 AI、情感 AI 和深度学习 AI 等方面发展。

（1）云计算和人工智能的结合，可以将大量的智能运算成本转入云平台，从而有效降低运算成本，让更多人获得 AI 的赋能。

（2）情感 AI 可以通过对人类表情、语气和情感变化的模拟，更好地对人类的情感进行认识、理解和引导，情感 AI 在未来可能会成为人类的虚拟助手。

（3）深度学习是 AI 发展的重要趋势，具有深度学习能力的 AI 能够通过学习实现自我提升，帮助人类更好地生活和工作。

如今，弱 AI 已经能够辅助人们进行一些工程作业。随着 AI 的不断进化，未来，强 AI 甚至超 AI 能够更深刻地影响我们，赋能智能智造和人类工作生活的升级。

6.1.3 AI 智能化的 3 个层次

AI 将数据和智能算法相结合，使系统具备自动从数据中学习和分析的能力。AI 的智能化有 3 个层次，分别是运算智能、感知智能、认知智能，如图 6-1 所示。

图 6-1 AI 智能化的 3 个层次

1. 运算智能

运算智能是指计算机进行快速计算和存储信息的能力。这是 AI 进行机器学习的基础。目前，计算机的运算智能已经十分出色，"深蓝"超级计算机打败当时的国际象棋世界冠军卡斯帕罗夫，Alpha Go（阿尔法狗）打败李世石、柯洁等事例，都是 AI 具有出色的运算智能的体现。

2. 感知智能

AI 的感知智能即视觉、听觉、触觉等感知能力，如语音的录入、面部识别等。各种智能感知能力是和外界进行交互的窗口，例如，自动驾驶汽车的激光雷达等设备就是实现感知智能的设备。

3. 认知智能

认知智能，简单来说就是"能理解、会思考"。机器的认知智能表现在对知识的不断理解、学习上，是 AI 中最难的环节。例如，智伴科技旗下的班尼儿童成长机器人可做到"能理解、会思考"，若用户提出一个它不懂的问题并告诉它正确的答案，那么第二次再遇到这个问题，它就能很好地处理。这种自主学习的能力即认知智能的体现。

AI 的独特之处在于智能化。智能使人脑的部分功能在电脑中体现出来，对某些场景能够做出自主决策。随着技术的进步，AI 逐渐从类人行为模式（模拟行为结果）发展到类人思维模式（模拟大脑运作），甚至向泛智能模式（不再局限于模拟人）发展。AI 的内涵不断扩大，但核心依旧是"智能"。

6.1.4 AI 赋能智能智造，实现智能化生产

随着社会经济与技术的发展，传统生产模式已无法满足当代的社会生产需求，AI 的出现加快了传统生产模式的变革。AI 在一定程度上弥补了人工生产的缺陷，实现了生产的智能化、自动化，使生产更加灵活高效。相较于传统工业生产，AI 智能化生产有 4 个显著的优势，如图 6-2 所示。

优势一：生产高效灵活

AI 智能化生产能够推动生产方式的变革，进一步优化工艺流程，降低生产成本，使生产模式更加高效灵活。同时，高效灵活的生产模式又能够提升工人劳动生产率，从而提高工厂生产效益。

优势二：协作整合产业链

AI 技术应用于制造行业，能够使工业生产在研发设计与生产制造环节实现无

缝合作，达到整合产业链的目标。产业链的协作整合，能够进一步提高功效，为工厂带来更多的盈利。

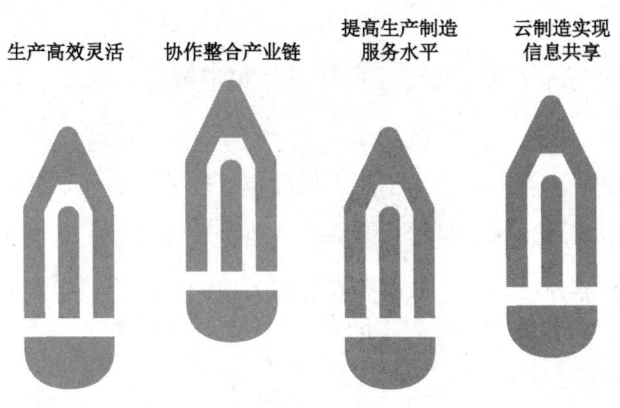

图 6-2　AI 智能化生产的 4 个优势

优势三：提高生产制造服务水平

制造的升级使工业生产的性质逐渐发生改变，企业由生产型组织向服务型组织质变。大数据技术以及云计算平台，能够促进智能云服务这一新的商业模式的发展，最终提升企业的服务能力与创新能力。

优势四：云制造实现信息共享

工业生产信息化水平的提升，能够进一步整合车间优势资源，实现信息共享。信息共享机制的建立，能够推动生产的协同创新，提高优化配置资源的能力，提升工业产品质量。

智能智造领域已经形成"德、美、中"三足鼎立的态势。德国率先提出工业 4.0 理念，并深入践行；美国提出"工业互联网"的战略；中国出台"中国制造 2025"的战略规划。3 个国家都有典型的智能智造企业，如德国的西门子、美国的 GE、中国的海尔。

例如，西门子成立了新业务部门 Next47。这一部门借助 AI 技术，促使西门子在工业电气化、自动化以及数字化业务领域实现了前所未有的创新发展。Next47 是一个微型的智能工厂，在这里，员工不仅可以利用大数据技术直接获取用户需求,进行定制化生产,还能够借助最先进的智能生产设备,实现自动决策和精确执行命令。此外,Next47 在产品的原材料、生产工艺以及环境安全方面,也做得很出色。

在 AI 时代,为了建立先进生产体系,实现智能化生产,企业必须做到以下 3 点。

第一,力争观念创新、技术创想,推翻传统模式,勇于试错、探索;第二,始终以用户为中心,始终满足用户差异化、个性化的需求;第三,打通产业价值链,促进产业智能升级,最终形成高效运转的智能生产圈和智能消费圈。

只有这样,企业的创新能力才能有所提升,才能获得更多产品盈利,最终步入美好的智造时代。

6.2 AI 如何赋能传统制造业技术升级

AI 与工业生产相融合,为传统制造业提供了强大的智能技术支持。伴随传统制造业的生产、管理需求的不断变化,AI 的技术能力不断提升,赋能传统制造业实现数智化转型升级。

6.2.1 基础层:提供 AI 软硬件资源

AI 基础层能够提供支撑各类 AI 应用开发与运行的软硬件资源。AI 基础层主要包括 3 个模块,分别是智能模型敏捷开发工具、智能计算集群、数据基础服务与治理平台。

智能模型敏捷开发工具主要负责生产 AI 应用模型,包括开源算法框架、AI 开放平台(提供图像、语音等技术能力的调用)、AI 模型生产平台;智能计算集群主要负责提供支撑 AI 模型推理、训练和开发的算力资源,包括智能计算服务器、系统级 AI 芯片和 AI 计算中心等;数据基础服务与治理平台主要负责生产与治理 AI 应用的数据资源。AI 基础层助力 AI 在传统制造业的各应用场景中落地,支撑传统制造业健康、稳定、智能化发展。

AI 基础层也能够提供支撑 AI 应用模型落地的必要资源。一个 AI 应用模型从开发到上线需要经历数据采标、模型训练、模型测试、应用监控、应用维护等流程，AI 基础层能够满足流程中所需的大量 AI 应用算法研发、AI 算力、高质量数据资源的需求，并尽可能地减少 AI 资源浪费，降低企业试错成本，提高企业 AI 应用部署的速度。

AI 基础层的工具属性体现 AI 产业的社会化分工，能够对传统制造企业的生产环节进行提效，推动传统制造业迈入低部署成本、低技术门槛、产业深度共建的高效化智能生产阶段。

AI 基础层推动了 AI 软硬件资源的集约型、精细化发展。在智能化转型的浪潮下，传统制造业对 AI 软硬件资源的需求不断发生变化，对模型生产周期、模型自学习水平、数据质量、云边端部署方式等方面的要求不断提高。面对不断变化的需求，并伴随机器学习、AI 硬件架构等技术的发展，AI 基础层的资源效能也在不断进化，以尽可能地降低传统制造企业的资源开发成本。

AI 基础层软硬件资源的发展可分为 3 个阶段。第一个阶段是资源开发雏形期，算力、算法、数据各模块是较为粗放的单点工具，新兴 AI 资源赛道逐步出现。第二个阶段是 AI 资源的快速发展期，各个发展赛道的活跃度得到提升，基础服务体系逐渐完善，资源价值更加凸显。第三个阶段是 AI 资源发展的成熟过渡阶段，各赛道内制造企业竞争激烈，合作增多，一站式资源工具平台出现。

AI 基础层为传统制造企业提供充分的 AI 软硬件资源，为企业做好资源保障，帮助企业发展领先 AI 软硬件资源，构建数据资源开放平台，实现企业资源优势互补。

6.2.2 技术平台层：开发 AI 算法

AI 算法赋予传统制造企业生产线自动化环境感知的能力，极大地改善了工厂生产流程，提升了工厂生产效率。随着市场的发展，传统制造企业生产线的布局和功能急需优化,这就需要企业利用 AI 算法更好地优化工厂的生产与管理。

智能智造中常用的 AI 算法有 8 种,如图 6-3 所示。

序号	算法
1	逻辑回归
2	线性回归
3	朴素贝叶斯
4	最近邻算法
5	支持向量机
6	决策树
7	聚类
8	人工神经网络

图 6-3 智能智造中常用的 8 种 AI 算法

1. 逻辑回归

逻辑回归属于判别式模型,其存储资源和计算量较少,但速度较快,能够直接生成观测样本概率分数。该算法被广泛应用于传统制造业的工业问题上。

2. 线性回归

线性回归主要利用线性模型解决回归问题,其能够预测连续值。线性回归能够自动收集数据,并通过构建数据模型搭建数据矩阵,以生成更加精准的权值参数。

3. 朴素贝叶斯

朴素贝叶斯属于生成式模型,相较于判别式模型,其收敛速度更快,对小规模数据的计算效果更好,能够处理多种类型的任务,更适合增量式训练。

4. 最近邻算法

最近邻算法的原理是存在一个训练样本集,在样本集中,每个数据都有自己的标签,我们能够了解每个数据与其所属分类的关系。当接收到没有标签的新数据后，最近邻算法能够将新数据的特征与样本集汇总的数据进行比较，并在样本集中提取出与新数据特征最相似的分类标签。

5. 支持向量机

支持向量机的原理是利用损失函数计算并优化经验风险和结构风险，能够解决高维问题，具有更高的计算准确率。

6. 决策树

决策树的原理是在已知问题发生概率的情况下，通过构建决策树以获取净现值的期望值，预测项目风险，进行可行性的决策分析。决策树计算简单，易于理解，具有较强的可解释性，能够更好地处理不相关的特征，并在短时间内对大型数据做出可行结果。

7. 聚类

聚类是按照某个特定的标准，如距离、大小等，将一个数据集拆分成不同的簇或类，使同一簇内的数据的相似性尽可能大，并且使不同簇内的数据的差异性也尽可能大。经过聚类后，同一类数据将尽力聚集，不同类数据将尽量分离。

传统制造业中制造场景中的产能规划、计划排产问题，运输场景中的路线规划、车辆调度问题，零售场景中的定价、补货问题，都是企业面临的高频次问题。

8. 人工神经网络

人工神经网络是人脑神经元网络特征的模拟和抽象，其通过模拟大脑机制，形成较强的分布存储和分布处理能力，能够更快速、精准地处理输入的信息。

传统制造业利用线性回归、决策树、人工神经网络算法，能够预测工厂电力需求波动和电力设备工作温度的变化，以便更好地了解、满足电力需求，并控制电力设备运行温度，使工厂设备用电更加安全。传统制造业利用支持向量机、逻辑回归、朴素贝叶斯和最近邻算法，可以将生产数据划分为不同类别，能够监控机床工作进度、工作状态和故障问题，以便工厂更好地进行机床维护，提高生产效率。

6.2.3 应用层：让 AI 系统执行智能智造工作

AI 系统能够帮助传统制造企业建设智能工厂。在原料的处理阶段，工厂利用 AI 系统的计算机视觉能力，通过智能监测系统进行原料的最优组织管理。在执行生产阶段，工厂依托融合 AI 技术的 AIot 传感器网络，能够实时监测、控制生产设备并生成生产参数。在管理中，工厂能够通过 AI 系统终端实现生产过程的数据可视化，从而全面追溯生产流程，精准调配管理人员。

AI 系统能够应用在传统制造业的各个领域中，如印刷、食品生产、皮革制造、金属制造等。本节将对 AI 系统在皮革制造领域和印刷领域的应用进行详细论述。

AI 系统应用于皮革制造领域，能够使皮革在原料切割方面更加省料。皮革制造企业可以利用 AI 系统创建自动排版切割车间，该车间能够采用智能算法对皮革进行科学、合理的规划，显著降低皮革原料损耗。同时，皮革制造企业还可以利用 AI 系统搭建全自动真皮伤残检测系统，强化检测密度，提高检测安全系数，其检测速度和准确率远远优于人工检测的方式。AI 系统改变了皮革制造领域传统的人工切割与检测面料的方式，弥补了行业生产缺陷。

在印刷领域，印刷企业可以将 AI 系统融入印刷仓库管理系统、印刷生产设备中，建立印刷云服务平台、印刷工业机器人系统，对印刷生产技术进行全面升级。AI 系统促使传统印刷从集中式管理向分散式管理升级，极大地提升了印刷生产效率，增强了印刷管理模式的可控性，降低了印刷生产过程中各环节的资源损耗。

AI 系统能够对印刷设备的工作进程进行实时监测，帮助印刷工人寻找空闲印刷机，提升运作效率。同时，AI 系统能够持续监控设备部件状态，及时发现问题部件，促使印刷企业能够对印刷设备进行及时维护和保养，避免机器突然出现故障而停止运作，影响印刷生产效率。

AI 系统与生产制造相结合，推动了传统制造业无人化管理的加快实现，使传统制造业的生产技术更加智能，极大地提高了传统制造业的生产效率。

6.3 AI催生智能智造新机遇

AI为传统制造业提供了更多升级发展新机遇。AI推动了平台中心生态与场景中心生态的智能化，软件、硬件、网络的智能化，生产模式、服务模式、商业模式的智能化，开创智能智造新时代。

6.3.1 新生态：平台中心生态与场景中心生态的智能化

智能智造构建了以平台为中心的新生态。很多企业通过SDK（Software Development Kit，软件开发工具包）、API开放AI技术能力和资源，吸引开发者，搭建AI开发与赋能平台。

为了搭建AI平台，企业需要提升自己的通用和底层技术能力，在某个细分领域内拥有雄厚的技术积累。例如，在语音识别、无人驾驶、计算机视觉等领域积累AI技术，让开发者利用AI技术直接开发面向用户的AI系统，构建一个"插座式"AI平台，促使合作伙伴基于AI平台开发出更加丰富的AI应用。虽然AI平台中心生态的构建目前还处于起步阶段，但大部分企业在不断努力，以实现平台和中心生态建设并举。

如今，智能化场景越来越多元，如智能园区、智能家居、智能办公等，以场景为中心的生态逐渐发展起来。以智能家居为例，智能家居的智能控制系统通过Wi-Fi、蓝牙等网络技术将各种家居单品连接起来，并通过AI技术生成更加人性化、智能化的交互模式，优化人们的家居生活体验。智能家居场景的构成要素包括智能音箱、智能空调、智能冰箱、智能电视、智能门锁、智能机器人等。

以智能门锁为例，居家生活的安全性非常重要，智能门锁的智能性体现在用户识别、危险预警、自动开关锁、可视监控等方面。依托自动传感器，智能门锁能够帮助用户检查门锁开关状态，并通过智能语音发出提示。

如果识别到用户忘记上锁，智能门锁能够自动帮助用户上锁。同时，智能门锁依托虹膜识别、指纹识别等技术,能够直接通过人脸扫描和指纹记忆使用户开锁更加高效、便利。智能门锁为用户营造了一个高效、便捷的居家生活的出入场景,给用户带来更加安全、舒适的居住体验。

随着 AI 技术不断升级,AI 会不断融入更多平台和场景中,构建智能化新生态,使人们的生活更加安全、便利。

6.3.2 新产品:软件、硬件、网络的智能化

AI 的蓬勃发展催生了一些新型智能产品,重点体现在软件、硬件、网络等领域。融入了 AI 技术的新产品给人们的生产、生活带来了更多的便利,进一步推动了社会经济与技术的发展。

随着生产、生活水平的提高,人们对软件的需求越来越大,软件亟待向智能化发展。AI 推动了软件工程升级,软件工程需要利用 AI 满足一些高难度的软件需求,如软件的安全性、自适应性。因此,越来越多的企业将 AI 融入软件开发中,依托 AI 的机器学习构建软件程序,并提高软件处理任务的性能,使软件更加自动化、信息化、智能化。

AI 带动了硬件的升级和发展,催生了 AI 芯片、AI 存储器、AI 传感器等硬件产品。传统芯片存在性能不足、功耗过高等问题,而 AI 芯片的图像处理、语音识别、自然语言处理等功能极大地提升了算法效率。AI 芯片常常应用于设备端或云端,在智能驾驶领域的作用尤为突出,如驾驶环境感知、道路物障识别等。

AI 存储器具有强大的缓存与分层功能,能够与存储云平台对接,自动将数据缓存至本地,提升云上访问数据的加载与运行速度。AI 存储器还有强大的备份功能,能够将数据自动备份至云端,加强数据保护。

此外,AI 传感器还具有自补偿、计算、自校正、自诊断和复合感知等功能。自补偿和计算功能开辟了非线性补偿和传感器温度漂移的新路径。它利用微处理器计算测试信号,采用差值和拟合计算法对非线性和漂移进行补偿,以获得更加精准的测量结果。

AI加速了网络的智能化。网络的智能化不仅体现在移动通信领域，还体现在数据中心、园区等场景网络规模的进一步提升。AI为网络运营商提供了创新业务，如实时算力，能够在多个维度提升网络性能，帮助网络自优化、自演进。AI任务处理能够完全运行在英特尔可扩展服务器的集群上，提升网络数据分析加工的性能，促进网络运营和网络服务的智能化。AI技术提升了网络业务编排和网络智能分析能力，降低了网络运维成本，极大地满足了网络运营商的诉求，提升了网络的安全性和可靠性。

AI技术的发展将催生更多智能化的软件和硬件，为社会生产和生活带来便利。同时，AI也将不断推动网络升级和发展，使人们步入安全网络、高速网络、智能化网络新阶段。

6.3.3 新模式：生产模式、服务模式、商业模式的智能化

产业智能化发展离不开AI，AI推动生产模式、服务模式、商业模式变革。全球顶尖的管理咨询公司埃森哲（accenture）曾表示，到2035年，AI有望将中国劳动生产率提升27%。

在生产模式上，以农牧业为例，AI实现了牧场挤奶工艺的智能化。牧场利用AI搭建了奶牛各部位的识别模块，采用目标识别和图像分割技术，通过深度学习处理采集信息，并结合三维算法处理空间信息，生成奶牛的二维识别和自动定位，实现全自动化挤奶。

再以制造业为例，AI"智能眼"赋能生产线，很多制造企业已经开始用AI"智能眼"取代人工执行检测工作。AI"智能眼"主要负责检测CFRT（Continuous Fiber Reinforced Thermoplastic Composites，连续纤维增强热塑性复合材料）片材生产，记录片材瑕疵位置和瑕疵种类，并通过图像识别对瑕疵点生成彩色病理报告，使每一个片材上的瑕疵能够一目了然地呈现出来，提升检测精准度。AI打造了制造业"技术产品+行业场景"双轮驱动模式，聚焦深度学习和计算机视觉技术，打造自动化深度学习、工业视觉、视频智能等技术平台，帮助企业快速建立智能

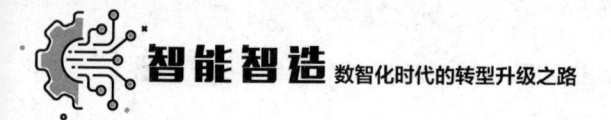

工厂。

在服务模式上，以银行客户服务为例。AI 为银行客户端提供智能 IVR（Interactive Voice Response，互动式语音应答）语音导航、智能客服等服务。智能客服系统的 AI 智能机器人能够为客户提供文字、图片、语音、视频等形式的聊天和咨询服务，其具备一对多的智能交互方式，极大地提升了银行的服务效率。

再以政务服务为例，如今，智能语音机器人在政务服务中并不少见。智能语音机器人融合 AI 语音识别、语义理解等技术，能够第一时间接通群众热线，以语音交互形式收集群众诉求，为群众答疑解惑。智能语音机器人为政务坐席分流了一部分业务咨询量，使政务接待更高效。

在商业模式上，AI 赋能企业经营。AI 帮助企业建立 ERP 系统，访问并分析系统数据，推动业务改进。AI 帮助企业改善业务流程，以无人机供应企业 Kespry 为例，Kespry 的航空智能 AI 平台能够提供客户所依赖的关键信息，并对信息进行归纳和分析，从而加速业务运营。Kespry 的无人机 AI 系统能够自动收集采矿、建筑和保险数据。例如，在恶劣风暴天气后，保险公司可以通过 Kespry 无人机评估建筑屋顶损坏情况，而无须工作人员到现场调查。

同时，Kespry 评估情况的具体数据能够直接发送到云台上，并通过 AI 计算机视觉进行数据分析，估算出保险公司需要理赔的具体金额。AI 推动商业模式进步，使企业的业务发展更加便捷、高效。

AI 催生了智能智造新机遇，推动了生产模式、服务模式、商业模式的智能化。未来，AI 将不断赋能数智化时代制造业的新发展。

6.4 充分了解智能智造市场

AI 加速制造业数智化发展，支持制造业智能技术创新，赋能制造业构建竞争壁垒。下面将从上、中、下游 3 个市场论述 AI 在智能智造领域的发展前景。

6.4.1 上游市场：AI 芯片设计与制造成为焦点

在智能智造市场中，AI 芯片是上游市场关注的焦点。AI 芯片主要有两大功能：一是训练，二是推理。训练功能使 AI 芯片在平台上能够学习大量数据，并形成神经网络规模，使 AI 芯片具备高容量、高算力、高传输率等特点。推理功能是通过计算，在训练好的模型中输入数据并得出结论。AI 芯片注重算力时延、算力功耗、价格成本等的综合能力。AI 芯片主要占据了上游市场的 5 大领域，如图 6-4 所示。

A	B	C	D	E
移动终端	自动驾驶	数据中心	智能家居	安防

图 6-4 AI 芯片在上游市场中的 5 大领域

1. 移动终端

AI 芯片主要应用于移动端的推理，解决云端推理因网络延迟给用户带来的体验不佳的问题，典型应用有语音助手、视频特效等。AI 芯片在手机系统中增添加速单元和协处理器，提升手机任务运行速度。AI 芯片应用在移动终端的代表有华为麒麟 990 和苹果 A12 Neural Engine（加速引擎）等。

2. 自动驾驶

AI 芯片相当于自动驾驶汽车的"大脑"，能够对汽车传感器数据进行实时处理。自动驾驶汽车依靠 AI 和定位系统协同合作，搭建了集辅助驾驶、规划决策、环境感知等功能为一体的汽车驾驶系统，并依托 AI 自动传感和控制，使驾驶系统能够像人一样"思考"，安全、自动地操控车辆。

3. 数据中心

AI 芯片可以应用于数据中心云端训练和推理，代表芯片有华为昇腾 910、

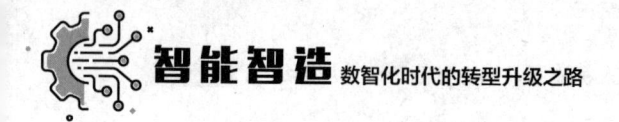

Nvidia-TESLA V100、寒武纪 MLU270 等。移动互联网的个性化推荐、视频内容定位等都是典型的云端推理应用。

4. 智能家居

AI 为智能家居的感知、推断、决策提供支持，帮助智能家居更好地实现语音交互，为智能家居用户带来更好的交互体验，加快了 AI 芯片进入端侧市场的步伐。

5. 安防

AI 芯片在安防工作中的主要任务是视频结构化，代表芯片有华为 Hi3559-AV100。AI 芯片植入安防摄像头终端，能够降低带宽压力，实现信息捕捉及时响应。AI 芯片能够将推理功能集成在安防的边缘服务器产品中，具备视频处理和视频解码的能力。

智能智造上游市场的发展需要 AI 的赋能，AI 芯片在上游市场的需求越来越广泛。AI 芯片将随着数智化时代的发展不断升级，成为智能智造市场中的关键硬件。

6.4.2 中游市场：计算机视觉与机器学习、深度学习崛起

在中游市场中，计算机视觉、机器学习、深度学习逐渐成为主流技术。计算机视觉是 AI 领域的一项重要技术，通过摄像机、计算机等设备将被拍摄物体转化为图像信息，而后传送到图像处理系统中。图像处理系统根据像素分布情况以及目标物体的形态信息，将其转化为数字信号，计算机视觉系统根据数字信号的反馈进行决策。

简言之，计算机视觉工作过程就是用计算机来取代人眼进行测量、判断、决策等一系列操作的过程。由于具备能够快速、高效获取信息，能够自动处理信息等特点，计算机视觉被广泛应用于自动化生产中，能够显著提高生产的智能化、柔性化程度。在部分人工作业危险或人工视觉难以满足生产要求的场景中，计算机视觉实现了广泛应用。

在大批次的工业生产过程中，计算机视觉被用于提高产品质检效率与产品精度。企业要积极抓住计算机视觉的发展红利，提升自身生产智能化与自动化水平。

高精准的图像采集和处理是计算机视觉技术的主要表现。CMOS（Complementary

Metal Oxide Semiconductor，互补金属氧化物半导体）、CCD（Charge Coupled Device，电荷耦合器件）等固件发展得越来越完善，像元数量与数据率逐渐提高，图像敏感器的尺寸也在不断缩小，帧率和分辨率有着显著提升，图像采集产品日益丰富。同时，信噪比、快门、增益等参数不断优化，许多难以突破的成像难题都能够得到解决。随着对图像高精度边缘提取信息越来越方便，许多曾经难以检测的低对比度瑕疵能够被识别出来。

机器学习、深度学习都是 AI 的重要技术突破。机器学习和深度学习能够依靠多层感知机对大脑进行模拟，通过深度神经网络的构建，使机器视觉实现对简单特征的学习，从而建立起复杂特征，并进行学习映射与输出。机器学习和深度学习常常应用于人脸检测、物体跟踪、语音识别、流量预测、产品推荐和垃圾过滤等方面。例如，在产品推荐方面，电商平台通过了解用户兴趣，根据用户浏览数据向用户推荐产品；视频媒体平台能够在用户常常观看的视频中提取信息，根据用户偏好向其推荐影视作品。

计算机视觉和机器学习、深度学习技术作为 AI 的主要分支，未来将会获得更加广阔的发展空间。AI 在中游市场的需求将不断扩大，助力智能智造转型升级。

6.4.3 下游市场：预测性质检与智能运维

在下游市场中，AI 广受生产制造企业的重视。AI 能够给企业提供预测性质检与智能运维策略，打造更加安全、高效的工业生产环境。AI 对工业生产的预测性质检与智能运维的赋能具体体现在以下 3 个方面，如图 6-5 所示。

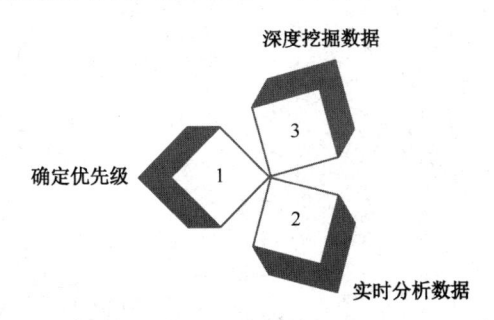

图 6-5 AI 对预测性质检与智能运维赋能的 3 个具体体现

1. 确定优先级

AI能够集中优化机器学习、深度学习算法，优先发现关键领域的数据异常，确定投资回报率最高和回报最快的领域作为优先级。同时，来自机器的数据能够与过程数据合并，利用基于云的解决方案和分析模型评估数据。例如，AI能够对生产机器的状态进行早期检测，迅速发现机器状态运行偏差和异常，提出预警，避免生产计划外的停工，提升机器的整体运行效率。

2. 实时分析数据

工业生产中常见的预测性维护方案是德国Festo公司提出的Festo Automation Experience（自动化旅程）。该方案将AI技术集成到本地、边缘和云系统中，机器边缘组件可以直接运行程序，以降低数据传输成本。自动化旅程方案通过AI算法使用户能够直接从生产设备数据中提取有价值的信息，并根据数据信息做出生产决策，以更好地降低能源损耗，优化生产车间，提高生产力。

3. 深度挖掘数据

AI通过深度挖掘异常行为数据，自动生成异常工作原因，并分析其中的根本原因，增强数据的可视化，使用户能够深入了解机器运行状态，尽早做出运维决策。

AI为企业的预测性质检与智能运维提供助力，能够帮助用户及时根据预测情况找出设备运行异常点和异常原因，协助用户做出合理运维决策，以提升机器生产效率，优化生产流程。

第 7 章

大数据与数据治理：赋能智能智造升级

> 在智能智造的过程中，会实时产生大量数据，传统的数据处理方式已经不能满足数据治理的需要。依据大数据平台，企业可以采集设计、制造、监测、物流等环节的信息，预测、解决生产问题，进行高效、精准的智能决策，实现高效生产。

7.1 大数据是智能智造的驱动力

大数据意味着企业制造的数字化，企业可以通过整合丰富的数据实现智能决策，加快智能化进程。

7.1.1 思考：大数据在智能智造中的价值

大数据是一种数据集合，具有规模庞大、快速流转、类型多样、应用价值高等特征。应用到工业领域，大数据可以对智能智造过程中海量的、分散的数据进行采集、存储、分类整理和分析，进而提升企业生产、决策、经营等能力，创造新的价值。

作为智能智造的核心驱动力，大数据在智能智造中的价值主要体现在以下几个方面，如图7-1所示。

图7-1 大数据在智能智造中的价值

1. 把握用户需求，实现产品智能创新

企业可以通过智能产品中的传感器，实时获取用户的偏好数据，及时改进产品功能。同时，这些数据也可以成为企业进行产品需求分析和产品设计的重要依据。企业可以在满足用户个性化需求的前提下，以规模化定制打造新的商业模式，为企业创造更多价值。

2. 严格监控，实现科学管控

大数据可以实现对企业制造、业务管理等流程的智能优化。大数据可以利用收集的温度、热能、材料、产量等数据，严格监控生产过程，并通过对能耗、产能、质量事故等方面的分析，优化生产流程，降低能源消耗，进而提升生产效率与质量，实现对生产管理的科学管控。

3. 预测故障，规避风险发生

企业在运行过程中存在诸多风险因素。企业既要避免产品缺陷、保证生产的可靠性和安全性，又要关注设备性能下降、零部件磨损等问题。大数据可以实现对生产线的实时监控，通过各种数据预测潜在的故障，规避风险发生。

4. 增强用户黏性，实现精准营销

在传统营销过程中，企业往往通过调研、采样等方法研究用户行为。但这样的方法缺乏精准性，只能代表一小部分用户的需求。大数据能够将企业和用户紧密联系起来，让更多用户参与企业产品设计、创新活动。这不仅能够增强用户黏性，还能够让企业获得更多用户数据，科学调整产品策略、市场策略等，实现精准营销。

5. 推动企业合作，建立共赢生态圈

大数据不仅可以改善企业内部经营，还可以促进上下游企业、行业内外企业的合作，让更多企业走向联合，建立共赢生态圈。例如，"互联网+汽车制造"领域的工业大数据，可以实现人、车、路等多方面数据的融合，实现汽车、保险、交通等行业企业的融合与合作。

7.1.2 大数据助力制造企业发挥数据价值

事物的发展与变化是有规律的，通过数据分析我们可以发现这种规律，洞察先机，做出科学决策。例如，阿里巴巴的电商平台每天产生数亿元交易额，用户通过搜索寻找自己心仪的产品。很多用户搜索的关键词就被阿里巴巴记录在数据库里。阿里巴巴通过数据分析能够发现热销产品，预测即将火爆的产品，有针对性地投放广告，提升转化率。

在发挥数据价值方面，亚马逊做得十分不错。例如，在亚马逊的运营中心，洗发水和杯子摆放在同一个货架上。这是亚马逊独特的"随机上架，见缝插针"的摆放制度，即所有货物按照节省空间的原则随机摆放，同类产品可能摆放在不同的货架上。在网购高峰期，这种摆放制度很好地利用了库房的每一寸空间。

在物流环节，负责上架的员工根据行走路线以及货架空间随意摆放货物并将货物摆放情况扫描到系统里面，这样有效地缩短了员工拣货的距离。系统清楚地记录货架利用率，通过货架的多余空间结合产品的物理参数，自动向员工推荐可以快速上货的区域。这种独特的摆放制度为亚马逊处理每个订单节省了 3 分钟，运营效率提高了 3 倍。

用户的订单下达后，亚马逊的先进物流系统会通过复杂的模型计算出最快捷的配送站点选址区域。亚马逊还通过经纬度定位用户的收货地址,并根据快递员的配送效率等因素推荐最合适的快递员以及配送路线,做到了精准配送。

"用户还没下单,快递已到家门口"不再是一种夸张的说法,亚马逊利用"预测式发货"的独家法宝做到了精准预测订单。"预测式发货"的实质是基于数据分析预测用户的想法。通过分析用户的历史订单、产品搜索记录、购物车清单及其在某件产品上停留的时间等数据,亚马逊做到了在用户还没有下单前,就将包裹调拨到离用户最近的运营中心。

亚马逊利用庞大的数据库,能够在"双11"前就预测到用户会购买什么产品,提前将产品送到距离用户最近的运营中心,缩短产品和用户之间的距离。亚马逊为"双11"的物流高峰期未雨绸缪,真正实现了"单未下,货已到"。

数据的价值不仅体现在高效物流配送、精准预测订单等方面,还体现在供应链管理自动化上。例如,大数据帮助亚马逊自动生成采购时间、采购数量等采购决策,通过库存数据分析进行库存分配、调拨以及逆向物流等。大数据通过完善的库存管理流程提高了亚马逊的库存水平,优化了其管理效率,实现了100%准时发货率以及98%以上的送达准时率。

随着数据的爆发性增长,人们获取数据的渠道也越来越多。由于数据收集、存储、分类整理和分析等过程的技术制约程度降低,越来越多的数据科学家、分析师、企业管理者尝试充分发挥数据价值。大数据分析技术的应用,助力企业的智能化运营。

7.1.3 思考:智能智造企业如何高效利用大数据

智能智造企业的发展离不开对数据的深刻理解和应用,很多智能智造企业越来越注重数据资源的挖掘、积累与优化。

如今,大数据的内涵越来越丰富,数据信息量越来越大,发挥的作用也越来越大。大数据不仅能够捕捉图像、声音等静态数据,还能够捕捉语言、动作、姿态以及行为轨迹等动态数据。

在数智化时代，智能智造企业需要实现对海量数据的自动捕捉，并对数据进行优化处理。智能智造企业要想高效利用大数据，应当从以下 4 个方面做起，如图 7-2 所示。

01 构建数据思维能力
02 积累数据科学技术
03 用数据指导商业实践
04 提取鲜活数据

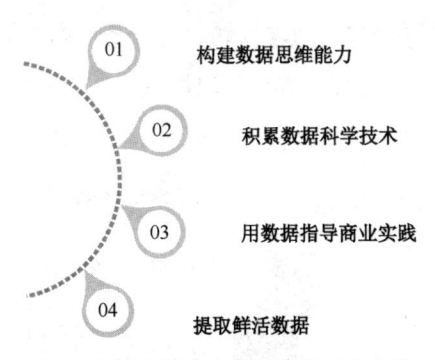

图 7-2　智能智造企业如何高效利用大数据

1. 构建数据思维能力

要想发展智能产品，企业需要有深刻的数据洞察力与理解力，将数据延伸至产品的市场调查、早期设计、用户跟踪及用户用后反馈上。这样，研发团队设计的智能产品才能够真正具备更高的商业价值。

2. 积累数据科学技术

智能智造企业的研发团队要跟上时代，掌握最新的数据处理方法和数据科学技术，用先进的算法处理数据，让数据真正为己所用。

3. 用数据指导商业实践

数据的优化与处理要与商业运营相结合。智能智造企业应该根据大数据统计分析的有效结论，指导智能产品升级与完善，从而占领更广阔的市场。

4. 提取鲜活数据

鲜活数据往往具有很强的时效性，具有更高价值。各数据机构与平台要保持开放，企业要加强与数据机构和平台的合作，取得共赢。

利用大数据整合多元的数据资源，并结合行业特点对数据进行高效应用，能够促进制造企业数智化转型升级。

7.1.4 面向智能智造企业的大数据平台

数据的爆发式增长与数据类型的不断丰富是智能智造企业面对的数据治理现状。搭建大数据平台是解决数据治理问题、充分挖掘数据价值的有效方法。

面向智能智造企业的大数据平台一般具有以下 4 种能力，可以实现数据资产的沉淀和数据价值的发挥，如图 7-3 所示。

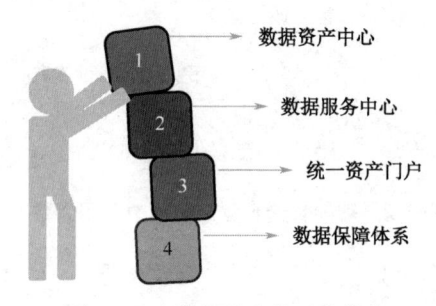

图 7-3　大数据平台的 4 种能力

1. 数据资产中心

数据资产中心可以构建数据采集工具，沉淀数据资产。其主要由以下几个部分组成。

（1）基础支撑平台。基础支撑平台为大数据平台提供计算引擎和存储能力，可以实现多种类型数据的存储，形成庞大的数据库，支持数据的分析检索。

（2）数据汇聚平台。数据汇聚平台能够实现多源异构数据源之间的同步汇聚，支持数据库、文件、感知数据等常见数据源，实现数据集成前的转换。

（3）数据开发平台。数据开发平台为开发者提供可视化的数据操作界面、自定义语言开发运行界面等，便于开发者构建数据模型。该平台还支持与多种数据平台引擎的对接，具备任务调度管理功能。

（4）数据治理平台。数据治理平台负责全部数据的规划、治理，从而形成有价值的数据资源。其功能包括数据标准化、数据质量管理、数据安全管理等。

（5）数据安全平台。数据安全平台可以构建数据安全分级分类体系，实现数据加密流转、数据权限管控、数据审计、数据溯源等。

2. 数据服务中心

数据服务中心可以快速生成各种数据服务，实现敏捷应用场景建设。其能够将数据表生成数据 API，支持函数计算和服务编排，以服务的形式共享数据，实现数据的变现。

3. 统一资产门户

统一资产门户可以实现数据的高效运营，使数据查取更加方便。其具有对数据资源的检索、浏览、订阅、审批等功能，可供数据提供方、数据需求方、数据运营方等各方使用，实现数据的高效运营。这一功能使大数据平台的数据资源更加清晰，数据共享更加便捷。

4. 数据保障体系

数据保障体系可以深化数据管理机制，保障大数据平台高质量运转。其功能包括明确数据管理组织和管理流程；构建数据模型、数据流转方案，为数据治理提供依据；制定数据的标准与规范，如数据的定义、采集规范、质量标准等；设计数据质量管理、质量评价等流程，推动数据治理改善。

总之，构建大数据平台对于智能智造企业的高效运转具有重要意义。在构建工业大数据平台方面，企业既可以按部就班地通过梳理企业全部数据资源搭建一体化大数据平台，进而深化数据服务体系，也可以采取敏捷开发思路，以一个或几个应用场景为出发点构建大数据平台，在此基础上完善数据服务体系。

7.1.5 数据采集+实时反馈，助力智能决策

在实际应用过程中，大数据能够基于数据采集、实时反馈等优势，助力企业智能决策。

一方面，企业可以借助大数据广泛采集用户购物时的搜索数据、使用产品的数据、售后反馈数据等，然后通过智能技术进行整合与分析，准确把握用户的需求偏好与类型，从中挖掘出那些未被满足的用户需求。

另一方面，企业可以通过大数据系统监测产品生产过程、产品营销流程等，通过实时反馈的数据随时了解生产线、营销活动等的状态和结果。同时，依托大数据分析的智能性，除了单纯的监测外，大数据系统还可以根据海量数据进行智能决策，助力企业高效运转。

例如，上海信数科技有限公司推出AIS（Artificial Intelligence Suite，人工智能套件）体系，以大数据技术助力企业的智能决策。该体系以企业智能决策为导向，通过对产品各环节实时反馈数据的分析，结合机器学习与深度学习，助力企业智能决策，实现企业日常运营与管理的智能化与敏捷化。

信数科技的AIS体系，能够形成一个由数据驱动的管理闭环，它的运行主要分为4个环节：大量收集内外部数据、挖掘数据的价值、进行智能决策、促进企业高效运营。

在营销方面，该体系能够通过强大的数据计算与挖掘能力，将用户消费过程中产生的各种数据融合起来进行智能分析，同时还能够对营销效果进行实时监控。这使得当营销策略出现问题时，企业能够快速响应，及时调整策略。此外，该体系还具备自动生成可视化数据图表的功能，能够将营销数据以图表形式呈现，为企业进行战略决策提供数据支撑。

AIS体系搭载先进的智能决策引擎，能够将企业的业务规则和策略进行单独管理。智能决策引擎和中台以及流程管理系统之间的交互通过API接口进行，使用者将业务规则、风控模型、定价策略等部署在智能决策引擎中，中台或流程管理系统便能够进行决策调用。中台向智能决策引擎提供数据，智能决策引擎再通过计算给予结果反馈，中台便能够根据反馈结果直接进行下一步操作。

AIS体系适用于重复、琐碎、大量、规律的企业营销活动，在营销数据实时反馈与智能决策方面能够发挥重大作用。

7.2 数据治理：解决安全伦理保密问题

伴随着智能智造的发展，工业数据成为重要的战略资源，为企业的生产流程优化、产品创新等提供了重要的依据。但是，工业数据也面临着孤岛现象严重、数据泄露等问题，因此，企业有必要进行数据治理，在保障数据安全的基础上实现数据的高效利用。

7.2.1 数据治理的 6 大关键点

数据治理是企业管理方面的一项大工程，企业需要进行数据架构、数据资产、数据质量、数据安全等多方面的管理。同时，企业也需要建立数据治理体系，使数据能够被采集、分析和使用，发挥更大的价值。

具体而言，企业进行数据治理需要把握 6 个关键点，如图 7-4 所示。

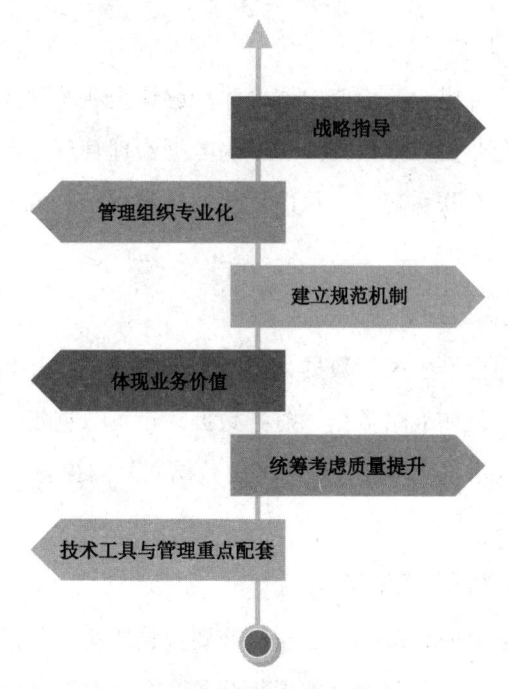

图 7-4　数据治理的 6 大关键点

1. 战略指导

数据治理的目的是通过有效的管理发挥数据的价值，从而实现企业的业务发展、数字化转型等。因此，企业要根据战略需要制定数据治理方案，保证数据治

理方向的正确性。

2. 管理组织专业化

在进行数据治理的过程中，企业要打造专门的组织，设置专门的职位主导数据治理工作，其中的关键是获得管理层的支持。有了专业化的管理组织，企业才能够形成合力，高效地开展数据治理工作。

3. 建立规范机制

数据治理需要落实到企业日常运营过程中，与企业信息化建设相结合。企业需要建立起规范的治理机制，制定数据治理的制度、流程、考核标准等，形成常态化的数据治理生态。

4. 体现业务价值

数据治理需要体现出业务价值，这样才能够让企业看到效果，从而持续进行数据治理。因此，企业需要把数据治理中的数据治理管理、数据安全管理、数据共享等方面与业务紧密联系起来，从而优化业务流程，降低业务成本，提升业务运转效率。

5. 统筹考虑质量提升

企业运营过程中会产生大量数据。企业不能对所有数据制定一样的质量策略，而是要关注重点数据，如战略数据、财务数据、市场数据等，将有限的资源投入重点数据质量提升及治理上。只有统筹考虑数据质量的提升，把握数据提升重点，才能够做好数据治理工作。

6. 技术工具与管理重点配套

数据治理是一项全面且持续的工作，需要数据质量、数据安全、数据资产等相关技术工具的支撑。而企业把全部工具配备齐全也需要耗费大量资金，因此，企业需要根据企业战略、业务重点等配备关键技术，节省成本。

7.2.2 数据治理的3个步骤

数据治理能够帮助企业调整数据战略，降低数据管理成本，是企业在数智化转型升级过程中应关注的重点。数据治理是一个长期、持续性的工作，企业要脚踏实地，务实补短板，规划好数据治理具体步骤。数据治理的步骤一般有以下3个。

1. 数据流程管控

数据污染是企业在进行数据治理时经常面临的问题，主要体现在数据采集、传输、加工、提取等环节。如果用杂乱的数据做样本，便无法获得高价值的研究成果。因此，企业需要对数据进行全流程管控，在数据质量、数据标准、数据交换、数据安全、数据责任等方面制定统一的数据治理规范。

2. 建立数据标签

数据标签能够直接体现数据特征，每一个标签都是企业观察、描述数据的角度。因此，企业需要在数据系统中建立数据标签。例如，商品数据标签包含规格、口味、包装、条码等；客户标签包含性别、年龄、地区、爱好、购买偏好、购买力等。企业为数据资源打上标签，能够更好地管理数据资源，使数据资源更贴近用户，以便于更加充分地发挥数据价值。

3. 充分利用大数据

大数据能够加强企业的数据管理，推动数据在具体业务场景中的应用。企业应该借助大数据推动算法模型和经验模型更好的融合，以构建商品知识图谱和用户关系图谱。大数据通过采集和提取非结构化数据，实现对元数据的整理和维护。同时，在主数据系统中，大数据帮助企业定义、维护数据匹配规则，并建立交叉引用等规则。

数据是企业的重要资产，数据治理的对象是企业重要的数据资源，治理结果关乎着企业实际的商业利益。企业应该给予数据治理工作充分的重视，充分发挥数据价值。

7.2.3 华为：积极探索数据治理的方法

华为在企业信息化发展初期为不同类型的业务建立了很多相对独立的信息系

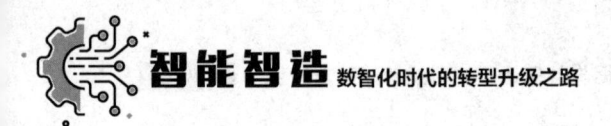

统和数据库，这使华为逐渐形成了"数据孤岛"。由于不同信息系统的语言不统一、数据不贯通，因此常常出现同一数据在不同信息系统中被重复录入的现象，或者同一数据在不同系统中信息不一致的现象。这限制了企业运营效率和效益的提升，华为迫切需要数据治理来改善这种情况。

要想加强数据治理，企业需要构建一套数据治理体系，以高效地管理数据资产。企业需要建立有序的数据治理环境，以保障数据治理质量和安全，发挥数据的真正价值。华为针对数据治理工作做出了几点规划。

首先，企业要基于数据管理规则确保源头数据质量，形成完整、一致的"数据湖"；其次，企业要加强数据与业务的双驱动，加强数据联结，以数据服务的方式满足业务数据消费诉求。再次，针对系统中汇集的海量数据，企业要确保数据的安全性；最后，企业要不断完善业务数字化，提升数据采集能力，降低数据录入成本。

针对上述规划，华为建立了业务负责制的数据治理体系。该体系是华为数据治理实践经验的结晶，主要包括以下两个方面。

1. 任命数据 Owner 和数据管家

数据 Owner 是企业数据文化的营造者、数据战略的制定者、数据争议的裁决者和数据资产的所有者。数据 Owner 拥有数据管理的决策权。各级流程 Owner 在数据 Owner 的领导下负责所管理流程域数据体系的建设和完善。数据管家是数据 Owner 的助手，具体执行数据 Owner 在数据管理方面的决策。

2. 建立数据管理组织

数据管理组织主要负责代表公司制定数据管理流程、政策、方法，建设数据管理支撑系统，制定并监控落实数据管理规划。同时，数据管理组织需要建立并维护企业信息架构，披露数据问题，以提升企业数据管理能力，加快企业数据文化传播与发展。

为落实数据管理目标，华为规定各业务领域要成立实体化数据管理组织，承接并落实数据管理责任。同时，各业务领域的数据管理组织要定期向企业数据管理部汇报数据管理问题,遵从企业数据管理政策,按照统一的数据管理流程和要求进行数据治理。

华为对企业数据治理工作做出了明确的规范,充分确保数据治理工作的客观性、科学性和合理性。华为在数据治理方面力争增强数据的可用性和实用性,更好地保护数据资产、利用数据资产,用数据资产推动企业的数智化发展,助力企业智能智造转型升级。

7.3 智能智造企业的数据治理实践

数据治理是许多拥有海量数据的企业进行智能智造转型升级面临的巨大挑战,数据不能被使用便不能成为资产。基于此,越来越多的智能智造企业开始进行数据治理实践,探索数据的更大价值。

7.3.1 水务企业:智慧水务的数据治理实践

随着信息技术的发展,水务企业面临数据资源零散、混乱的情况,迫切需要进行数据治理。为此,水务企业需要明确数据治理的关键点,制定合适的治理方案,逐步构建规范、科学的水务数据治理体系。

水务企业在数据治理方面主要存在3个问题。

(1)水务企业缺乏主数据的顶层设计。虽然大多数水务企业的信息化建设小有成效,但对主数据管理不够重视,缺乏顶层设计。这导致企业的管理层、决策层和业务层无法形成统一思路,各部门相对分散,数据共建、共享困难,无法对企业业务发展和决策分析提供有效支持。

(2)水务企业没有健全的主数据标准体系。由于水务企业内部数据缺乏关联性,因此大量数据清洗需要依靠人工,加大了数据清洗风险和难度。

(3)水务企业经过多年的信息化建设,系统中已经存储了海量数据,如水表信息、水压数据、历史水量、客户信息、水质检测结果等,但由于缺乏数据挖掘

与分析能力，导致水务数据管理过于僵化。

针对以上问题，水务企业开始构建数据治理体系，利用大数据促进水务系统信息化建设。以下是水务企业数据治理的主要流程，如图7-5所示。

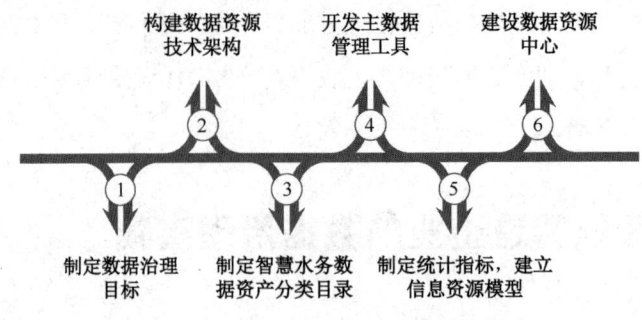

```
         构建数据资源        开发主数据        建设数据资源
         技术架构            管理工具          中心
            ↑                  ↑                ↑
           ②                  ④                ⑥
    ━━━━━━━━━━━━━━━━━━━━━━━━━━━━━━━━━━━━━━━━━━
           ①                  ③                ⑤
            ↓                  ↓                ↓
         制定数据治理      制定智慧水务数    制定统计指标，建立
         目标              据资产分类目录    信息资源模型
```

图7-5 水务企业数据治理的主要流程

1. 制定数据治理目标

目标一：建设并完善业务系统

水务企业需要对业务中的人、财、物等信息资源进行全面分析，逐步构建信息资源部署模式。企业需要不断建设并完善表务管理系统、报表业务管理系统、营业收费管理系统等信息管理系统，加强信息资源处理的及时性、真实性和完整性，实现信息资源的及时记录、全面汇总和规范整理，为业务部门的业务数据分析奠定数据资源基础，提供业务决策辅助。

目标二：建立主数据标准体系

企业需要制定统一的信息编码规则，建立主数据标准体系，提升信息的唯一性，避免数据信息缺失或失真，充分挖掘信息的价值。

目标三：构建主数据管理系统

企业需要构建主数据管理系统，实现对重要数据资源的统一管理，确保重要数据在系统中的共享。

2. 构建数据资源技术架构

为了实现数据治理目标，水务企业开始逐步构建数据资源技术架构，以实现数据资源的统一存储和管理。水务企业采用数据批量写入、消息队列的方式进行数据采集，并将数据库移入"数据湖"。"数据湖"主要负责存储分布式文件系统、关系型数据库、图数据库、实时内存数据库、实时时序数据库、空间地理数据库和索引数控等。此外，水务企业借助大数据分析平台对消防能力、水务工况、水务预警、设备损伤、事故演练进行可视化分析。

3. 制定智慧水务数据资产分类目录

由于水务企业各环节产生的数据资源性质不同，水务企业可以将数据资产分为 8 类，分别为经营数据、资产数据、监测数据、业务数据、审批数据、报表数据、文档数据、沟通数据，并对每一种数据的来源进行分析和标注。

4. 开发主数据管理工具

主数据管理工具的功能包括数据管理、数据建模管理、信息发布管理、应用报表管理、审批流程管理等，能够帮助水务企业进行主数据的建立、查询、审批、修改等数据处理任务。同时，主数据管理工具能够通过主数据系统与其他应用系统的"接口通道"，实现主数据同步传输。主数据管理工具能够固化主数据体系目录，明确主数据之间的关系。

5. 制定统计指标，建立信息资源模型

水务企业通过制定标准的统计指标、统一的基础代码，将企业水务数据关联起来，以有效解决管理层、决策层、业务部门、应用系统之间数据独立和数据隔离的问题。水务企业通过建立标准化的信息资源模型，建立数据资源的纵向、横向隶属关系，以避免数据重复存储问题，力求将每一类数据保留在同一系统中，以管理系统中的主数据。

6. 建设数据资源中心

水务企业基于数据存储标准建设以业务为中心的统一报表系统，构建数据资源中心，通过数据信息总线提取不同应用的核心数据，将信息整合成各类主题的数据服务。水务企业的管理人员通过调用数据服务，实现对企业生产、服务的综合指标的规范分析，并建立分析模型，以建设大数据决策分析平台。水务企业通

过大数据决策分析平台发挥数据更广泛的价值，为企业决策提供有力支撑，更好地推动智慧水务建设。

数据是智慧水务的基础，智慧水务建设的目标之一就是使业务数据化、数据价值化。没有科学的数据管理，就无法实现数据的互联互通；没有持续创造价值的大数据应用，就没有水务企业的智慧化数据治理。

7.3.2 兰石企业：装备制造业的数据治理实践

兰州兰石集团有限公司（下文简称"兰石企业"）是一家规模较大的重型装备制造企业，其拥有1家研究院和6家装备制造子公司，但它们的产品类型、物料标准、生产模式大多不相同。这导致兰石企业信息数据编码库积存了大量混乱的物料编码，其中包括临时、在用、有效、无效的编码，编码库中存在着十分严重的错码、重码现象，严重影响企业数据统计、分析工作质量和信息化建设。

通过结合现有数据和对系统数据的流向进行分析，兰石企业总结出了编码库数据混乱的4个主要问题，分别是没平台、没体系、没标准、没治理。当确定了主要问题后，项目组开始制定具体的数据治理方案和治理计划。

首先，由于全域范围的数据治理范围大、难度高，因此兰石企业选择优先治理库存占比最高的外购件物料编码，并组建标准组、技术组、清洗组分别开展治理工作。标准组组织各子公司技术专家共同讨论物料分类与编码标准，形成标准库；技术组搭建数据管理平台，提供数据管理、数据申请、标准管理、数据发布等功能；清洗组组织各子公司业务人员依据物料分类对物料进行分段清理，形成编码库。

其次，为了对主数据进行有效管理，兰石企业建立了标准化的主数据管理组织和管理流程，并定期组织专家修订标准，完善企业数据申请、管理流程。

再次，自数据治理项目启动日起，兰石企业将项目分为各个不同的阶段，并为每个阶段从业务蓝图、系统开发、数据清理、上线准备和系统切换等方面规划了目标，制定了详细的项目管理计划。

最后，为了保障项目进展顺利，兰石企业成立了数据标准化项目委员会，为项目提供资源协调服务。数据标准化项目委员会由企业主管技术和信息化的领导担任项目组组长，智能智造部、科技部、信息部骨干担任项目副组长，项目小组组员是各子公司技术领导。兰石企业还成立了项目实施小组，主要负责项目的综合保障，负责数据分析、清洗工作和对整个项目进度的把关。

兰石企业数据治理的整个流程包括 4 个环节，如图 7-6 所示。

1. 数据导入及初步标记
2. 制定分类标准
3. 分段清洗
4. 字段校验和重码筛选

图 7-6　数据治理的 4 个环节

1. 数据导入及初步标记

在数据治理工作正式开展之前，项目组提前将物料数据导入数据清洗搜索引擎，进行数据动态获取，而后根据业务数据清洗统计情况对申请的未清洗、清洗中和无效编码进行初步标记。

2. 制定分类标准

兰石企业对物料制定了描述标准和分类标准，并根据物料数据清洗的统计情况组织物料分类专家对物料分类的最初版本进行讨论。兰石企业针对讨论结果制定了新的物料分类标准，并将标准下发到各子公司，由各子公司再次进行讨论，并在讨论过程中收集意见反馈，对标准进行适当调整，最终形成物料分类标准体系。

3. 分段清洗

各小组按照分类标准制定分类模板，利用搜索引擎，对历史数据进行分类和清洗，并制定属性字段标准。而后将属性字段导入模板中，清洗人员按照标准对各属性字段分段清洗。

4. 字段校验和重码筛选

系统依据录入的标准自动校验清洗结果，自动标记系统业务数据中保留和作废的重码，以校验录入标准的准确性和数据清洗的质量。

兰石企业通过制定科学、统一的物料标准，对大量历史数据进行分类，清洗数据中的错码、重码，极大地提高了企业的数据分析能力，使企业对数据有了更加清晰、可视化的认知。经过规范化的操作，兰石企业成功完成了数据清洗工作，推动数据治理工作向更广、更深、更稳、更精的方向发展。

第8章

物联网：构筑智能智造竞争力

> 继计算机和互联网之后，物联网成为当前世界信息产业发展的新浪潮。物联网技术能够将我们身处的物理世界进行数字化处理，实现物与物之间、人与物之间的互联互通。在数智化转型升级过程中，将物联网技术与其他智能技术融合，能够大幅提升企业数智化水平。

8.1 物联网智能化技术概述

物联网（Internet of Things，IoT）指的是通过各种信息传感设备或技术，使万事万物实现互联，并能够进行信息交换和通信，以实现智能化识别、监控、定位、追踪、管理等目标的一门技术。下面将从物联网智能化发展的阶段、核心技术支撑、泛在连接、智能传感以及物联网平台实例等方面入手，对物联网进行概述。

8.1.1 物联网智能化发展三阶段

物联网技术诞生于工业信息化、智能化与国际一体化不断发展和深入融合的背景下，能够实现降本增效，为全球制造业的转型升级提供动力。物联网与其他智能技术的融合越来越普遍，其智能化发展可以分为三个阶段，如图 8-1 所示。

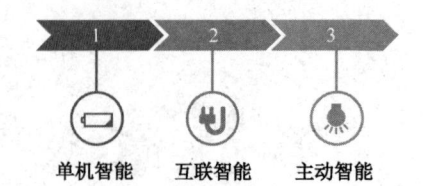

图 8-1 物联网智能化发展的三个阶段

1. 单机智能

在单机智能阶段，除非用户发起交互请求，否则设备与设备之间是没有联系的。换言之，设备需要感知、识别、理解用户的指令（如语音、手势等），才可以执行相应的操作。例如，传统冰箱需要我们转动按钮才可以调节温度，现在的冰箱已经实现了单机智能，我们只需要通过语音的方式，便可以随意调节冰箱温度。

2. 互联智能

互联智能是指相互联通的产品矩阵，即"一个中控系统与多个终端"模式。例如，卧室的空调和客厅的智能音箱相互联通，共用一个中控系统。在这种情况下，当我们在卧室对空调说"开启睡眠模式"时，客厅的智能音箱也会自动关闭。在互联智能阶段，设备与设备之间有联系，可以共同感知、识别、理解用户的指令，并执行相应的操作。

3. 主动智能

在主动智能阶段，设备就好像用户的私人秘书，可以根据用户画像、用户偏好等信息主动提供适合用户的服务。例如，洗漱台前的智能音箱会为你播报当日的天气情况，并根据你的穿衣风格为你提供穿衣建议。这意味着设备具有自学习、自适应、自提高等多种能力，可以满足用户的个性化需求。与单机智能和互联智能相比，主动智能真正实现了设备的智能化。

主动智能是未来的发展趋势，但是大规模数据分析是很难实现的，如果数据无法转化为有效信息，就没有价值。在此过程中，人工智能发挥着非常重要的作用，解决了大规模数据分析的难题，使物联网得到更好的应用。

8.1.2 物联网的核心技术支撑

物联网技术能够使新一代信息网络技术实现高度集成与综合应用，实现万事万物的互联互通，成为企业实现智能智造转型升级的重要推动力量。物联网涉及许多细分技术，其中的核心技术支撑如图 8-2 所示。

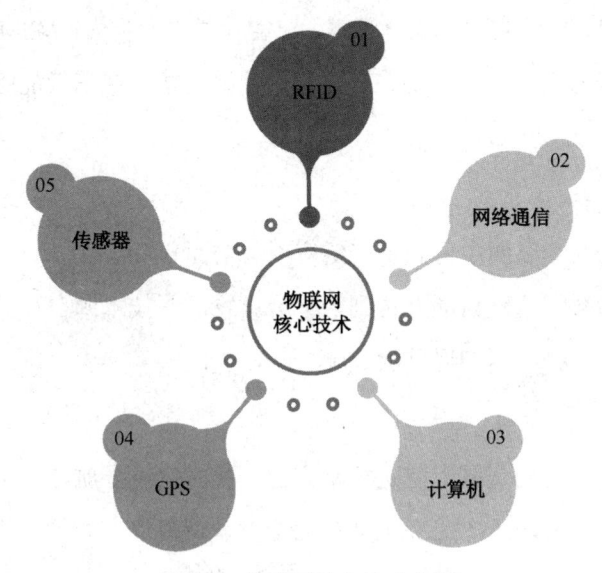

图 8-2 物联网核心技术支撑

1. RFID

RFID（Radio Frequency Identification，射频识别）是一项通过无线电信号对特定目标进行识别，并能够对该目标的相关数据进行读写的智能技术。RFID 技术能够对多个物品进行自动识别，具有无接触性、无磨损、识别能力强、全天候等优点。RFID 技术与互联网、移动通信等技术相结合，可以实现对万事万物的跟踪与信息共享。

目前，RFID 技术已经成熟，应用成本逐渐下降，被广泛应用于物流管理、电子收费、身份识别等场景。

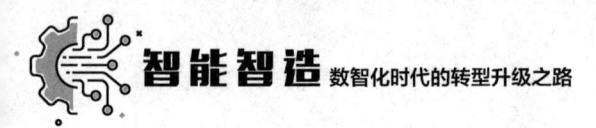

2. 网络通信

网络通信技术包括 5G 通信、无线通信、M2M（Machine to Machine，数据从一台终端传送到另一台终端）通信技术等。在不同的应用场景中，这些技术能够发挥不同的作用。

例如，在远程医疗、智慧家居、智能汽车等应用场景中，5G 通信技术能够赋能智能设备，优化智能设备的使用体验；在智慧农业的灌溉环节，通过运用远距离无线通信技术，能够实现自动化灌溉，节省大量人力物力；M2M 通信技术能够实现系统、机器与人之间交互化、智能化的无缝连接，使三者能够流畅、高效地通信或互动。

3. 计算机

计算机技术在物联网中得到了广泛应用与全面普及，例如，在气象监测站中，传感器监测到的数据能够自动上传到云平台。物联网技术源自计算机技术，而计算机技术又依托于物联网实现再次发展。

4. GPS

GPS 系统能够对海、陆、空进行全方位、实时三维导航与定位。在具体应用场景中，将 GPS 系统与无线通信技术结合起来，就能够在智能化物流、交通等领域实现全球定位。

在汽车导航领域，GPS 系统实现了广泛应用。在互联网时代，GPS 系统能够帮助使用者获取路况信息，自动优化路线，带来更加便捷的驾驶体验；在物联网时代，GPS 系统能够为使用者提供更加智能的服务，例如行驶路线监控、道路拥堵情况分析、超速报警、加油站分布等。

5. 传感器

如果将物联网比作人体，从不同技术起的作用来看，RFID 技术是"眼睛"，网络通信技术是"血管"，计算机技术是"大脑"，GPS 系统是"细胞"，传感器技术是"神经系统"。传感器技术能够帮助物联网收集外界的一切信息，并将其传递到云平台进行快速处理。

传感器技术在不同领域有着不同的应用形式，如工业领域的温湿度变送器、智慧农业领域的风速与风向传感器、二氧化碳温湿度传感器、土壤pH值变送器等。

物联网技术的应用范围十分广泛，几乎覆盖全行业以及各细分领域。不管是环境监测、物流运输，还是商业金融等诸多领域，物联网都能助力其开展数智化转型升级，进一步提升全行业的智能化水平。

8.1.3 物联网实现泛在连接

随着各种类型企业业务门类的不断增多，业务运行过程要求各产品、各业务部门之间广泛进行互联互通。泛在连接不仅能够打破数据孤岛与业务壁垒，还能够使整个业务系统更加畅通。

在物联网发展早期，无线组网协议是基于互联网应用需求打造的，当一家企业基于协议研发智能产品时，需要自主搭建应用逻辑。由于企业间使用不同的应用逻辑，不同企业生产的智能产品即使采用相同的协议也不能兼容，这降低了用户使用的便利性。

当前，去中心化的组网协议破解了不同品牌间产品不互联互通的难题，实现了物与物之间更广泛的互联互通。ADC（Ant Delete Center）是基于蚁群算法的去中心组网协议，是一种针对物联网应用研发的无线自组网通信协议。

该协议建立了标准化的应用逻辑，所有基于该协议的产品能够实现无缝兼容，这降低了企业研发智能产品的门槛。ADC去中心组网协议具备以下3个特点。

（1）去中心化组网。中心化组网意味着流通、安装、调试等环节极度依赖技术人员，同时，当中控出现故障时，整个系统也会随之瘫痪。去中心化组网不仅降低了对技术人员的依赖性，还保障了系统的稳定性。

（2）超强的传输能力。在实用性上，ADC去中心组网协议能够实现更远距离的传输，最远能够达到500米。同时，其支持采用多个通信频段，在传输能力上更具优势。

（3）跨网隔离能力。ADC 去中心组网协议具有跨网隔离功能，适用于社区级密集应用，能够实现邻居间互不干扰。

去中心化组网协议能够搭建起覆盖范围更广、连接更多智能设备的物联网，更加契合用户使用智能产品的需求。

8.1.4 智能传感：广泛采集并处理数据

传统的传感技术输出的往往是模拟量信号，其本身并不具有信号处理的功能，需要连接特定设备才能实现信号的进一步处理与传输。智能传感结合了物联网与人工智能技术，能够在传感器内部对原始数据进行加工与处理，通过标准的接口与外界实现数据交换，并根据实际需要，通过软件控制传感器的运行。智能传感推动了物联网、大数据、人工智能的发展，带动了产业的数智化转型升级。

智能传感器能够对信息进行学习、判断以及推理，并且具备一定的通信与管理功能。基于智能传感的智能传感器自带微处理器，可以将检测到的各种数据储存起来，并按照指令对数据进行处理，从而创造出新的数据。

此外，智能传感器还具有一定的决策能力，能够自主决定应该传送哪些数据、舍弃哪些数据，并在此基础上完成数据分析。

相比普通传感器，智能传感器有以下 4 个优点。

（1）可以实现高精度、低成本的信息采集；

（2）具有一定的自动编程能力；

（3）可靠性和稳定性都很高；

（4）功能多样化，适用性强。

在机器人领域，智能传感器是机器人实现各种动作的基础，是机器人的"神经中枢"，可以使机器人拥有和人一样的感官功能，如视觉、听觉、触觉等。此外，智能传感器还可以检测机器人的工作状态。可以说，没有智能传感器，机器人将沦为"玩具"。

机器人的视觉传感器主要是深度摄像头。深度摄像头能代替机器人的"眼睛"，通过一定的算法感知物体的形状、距离、速度等诸多信息，帮助机器人辨识物体，实现定位。它具有探测范围广、获取信息丰富等优点。

机器人的听觉传感器主要是语音识别系统。语音识别系统可以对在气体、固体、液体中传播的声波进行监测和分析，进而辨别语音和词汇。近年来，语音识别系统已经被大范围应用，国内外很多企业都开发出了先进的语音识别产品，如科大讯飞的翻译机、思必驰的转写一体机 T1、腾讯的云慧听、百度的 AI 开放平台等。

机器人的触觉传感器主要是力觉传感器、压觉传感器、滑觉传感器等。它们可以帮助机器人判断是否接触外界物体或测量被接触物体的特征。常见的触觉传感器有微动开关、导电橡胶、含碳海绵、碳素纤维、气动复位式装置等。

机器人的距离传感器主要是激光测距仪和声呐传感器。激光测距仪和声呐传感器可以为机器人导航，帮助机器人躲避障碍物。例如，思岚科技研发的激光雷达传感器 RPLIDAR A2 就能够实现 360°全方位扫描测距，帮助机器人以更快的速度描绘出周边环境的轮廓图，并按照导航方案自主构建地图，进行路线规划。

当前，智能传感技术在材料、设计、工艺等方面的应用还有待加强。智能传感器的研究门槛高，随着国家加大对智能传感技术和智能传感器的支持，智能传感领域将迎来发展机遇，助力智能智造领域技术升级。

8.1.5 用友：推出 AIoT 智能物联网平台

当物联网与人工智能技术在越来越多的实践场景中融合时，AIoT 就成为物联网下一步发展的必然趋势。AIoT 及其相关产业得到广泛关注，许多领军企业都针对 AIoT 展开业务布局，例如，微软、谷歌对智能眼镜、头盔等可穿戴智能设备进行开发，亚马逊与百度对智能音箱进行深耕，华为、小米、旷视科技等企业积极践行 AIoT 战略等。

当前，云端算力与边缘端实时处理能力的连接，已经成为 AIoT 领域的重要趋势。基于此，用友推出 AIoT 智能物联网平台，落地 To B 领域，赋能制造企业

的数智化转型升级。

对于用友来说，AIoT 是一个能够连接业务系统和工业设备的中间系统，能够使二者实现互联，从而打破数据孤岛，实现企业各层级业务的数智化整合。作为一个能够持续迭代的系统，AIoT 能够使企业底层数据实现持续性集成与融合。这使 AIoT 能够助力企业打造松耦合的应用服务，使企业设备以及生产过程更加智能化、精益化。

用友推出的 AIoT 智能物联网平台主要具有以下 3 个功能。

第一，该平台能够使企业实现工业设备的互联，以及数据采集与存储。数据的采集与联通是物联网的基础，在收集到不同的设备数据后，这些数据需要通过许多不同的通信协议，才能在物联网平台上实现最终的汇总。物联网平台会将数据进行存储，以供后续查询或使用，同时会发布数据以供业务系统使用。

用友推出的 AIoT 智能物联网平台，能够实现数据的自动化采集，减少大量重复性工作。该平台还能够定义"设备模型"，将待物联的设备模板化，并在模板中设置相应的通信接口、协议、参数等，减少大量重复的工作。该平台根据设备实际网络地址选择连接通道，能够实现数据自采集、设备自发现、实例自生成、驱动自匹配。

第二，该平台能够使数据得到可视化展示。在物联网技术应用过程中，数据可视化程度对数据最终的应用效果有着极大影响。物联网的数据可视化，能够应用于过程画面的创建，通过与实时数据绑定，还能够使数据组态化，从而提供各种各样的组态功能，在众多行业的应用场景中落地。

物联网的数据可视化，能够对现场数据以及设备数据进行可视化展示，具有提供现场设备、生产流程绘制等功能。

在用友推出的 AIoT 智能物联网平台中，可视化编辑工具提供了如基础图形、图表类、多媒体视频等丰富的图元组件，通过拖曳的方式就能够实现对现场监视画面的编辑。该平台还能够将图元组件与设备运行中的数据进行绑定或关联，使现场监视画面呈现动态化效果。

第三，该平台能够推动数据的流转和加工。以丰富的行业经验为前提，通过规则引擎的应用，该平台能够对各种原始数据进行加工，使其具有独特的业务含义，而后将处理过的数据传输到指定服务中。

该规则引擎通过内置组件搭建处理规则，使用户能够按照其实际业务逻辑进行可配置化编程，使数据能够在业务流程中自如流转。例如，用友的 AIoT 智能物联网平台能够对 MES、ERP、采购、供应链、人力资源、营销等业务中的数据进行定制，再将其推送到其他业务系统中。

用友的 AIoT 智能物联网平台，是工业领域中数字模型与物理设备实现连接的纽带。通过知识沉淀、泛在连接、数据智能和可视化呈现，用友的 AIoT 智能物联网平台积累起独特优势，在智能设计、智能产品、智能工厂、智慧工地等泛工业领域实现广泛应用。

8.2 "物联网+智能智造"的化学反应

物联网技术能够与制造的各个环节深度融合，使制造效率与产品质量得到大幅提升，推动传统制造向智能智造转型升级。

8.2.1 "5G+AIoT"助力智能产品间的相互连接

"5G+AIoT"是智能智造领域中物联网技术的融合。5G 与 AIoT 相融合，能够产生强大的化学反应，进而解决智能产品间的连接问题，使智能产品更好地融入人们的生产、生活中，加速智能智造的发展。

物联网相关技术一直处在不断的迭代和升级中，能够更好地满足用户对沉浸感体验的需求，但同时它们也对网络连接提出了新的要求。如果网络连接不能够匹配 VR、AR、MR 等技术的迭代速度，那么不论这些技术多么先进，能够带来多么沉浸式的体验，都无法真正落地。"5G+AIoT"能够整合边缘计算能力，为这些技术的落地应用提供更强有力的保障。

基于"5G+AIoT"技术，通信模组可以根据终端需求进行软硬件接口、开放平台等多方面的定制，帮助终端设备处理复杂的连接问题。

对于物联网无线模组企业来说，连接多个端口的同时，打造智慧连接、突破多元通信是赋能产品智能智造的关键。作为业内知名的无线模组提供商，深圳市广和通无线股份有限公司推出了多种广泛适配于物联网终端的模组产品，同时融合5G技术，推出了具备高速度、低时延等特性的5G模组和具备高算力的智能模组。这些产品可以助力终端设备实现智慧连接，推动产品智能化发展。

无线模组融合AI、大数据、云计算、区块链、VR、AR等技术，支持海量用户同时在线。广和通不断推动智能模组产品升级，发布了5G智能模组SC161。SC161将5G与高算力处理器相结合，拥有超强的拍摄和图形处理能力，能够满足更高、更复杂应用场景的无线通信需求。

各行业的智能化发展对智慧连接提出更高的要求，物联网无线模组将释放更大的能量，更好地赋能智能智造。

8.2.2 帮助消费者做个性化定制

个性化定制要求企业生产具备高度灵活性、智能化、柔性化、集成化等特征，通过个性化设计与制造，来满足消费者多样化的需求。

个性化定制是智能技术发展与消费市场变革背景下的重要发展趋势。原有的大批量标准化生产，逐渐转向精细化、定制化生产。同时，刚性生产系统也将转变为可重构式柔性制造系统。企业与消费者之间的界限将逐渐模糊，消费者将会更多地参与产品设计与生产。

物联网技术能够实现高度智能的个性化定制。应用物联网技术的智能设备，能够对使用者的行为进行监测，对数据进行收集、分析。通过不断学习，设备将变得更加智能化、个性化，使每一个消费者都能够得到极具个性化的使用体验。物联网能够将消费者的使用数据及时反馈给制造厂商，使产品的设计与生产环节不断完善。例如，海尔施特劳斯水设备有限公司专注于运用物联网技术深入开拓净水市场，推动净水行业个性化定制产品的发展，使净水产品从单一品类逐渐向多场景生活解决方案转型。

随着时代的发展，以产品为主导的市场需求的影响力正在不断减弱，服务型经济越来越受市场的重视，消费者的个性化需求成为引导市场发展的关键。海尔施特劳斯水设备有限公司高度重视消费者需求，为消费者提供量身定制的产品以及个人管家式的高度人性化关怀。

海尔施特劳斯水设备有限公司的负责人表示，随着企业战略布局的深入，施特劳斯将赋予消费者更多权利，让消费者参与产品创新，使产品实现持续性智能升级。

8.2.3 物联网推动智能家居产品落地

物联网不仅能够提升企业生产的数智化水平，而且在人们的日常生活中也有着十分广泛的应用。家居产品与我们的生活联系紧密，将物联网技术应用于家居产品，能够拓展家居产品的服务边界，从而满足消费者越来越多样化的需求。物联网的应用推动智能家居领域不断发展。

只应用物联网技术不能完成家居产品的智能化升级，还需要一些与物联网相关的智能技术，如云计算、VR、AR、传感器等，才能推动智能家居产品更快落地。

1. 云计算

智能家居产品具有设备网络化、信息化、数智化、自动化、全方位交互的特征，可以产生大量数据。而云计算和物联网的融合，可以让设备有超强的学习能力和适应能力，提升智能家居产品的数智化程度。

2. VR

VR依托物联网而发展，它可以生成虚拟环境，使用户获得身临其境般的视觉、听觉、触觉体验，用户可以通过VR设备更真实地体验智能家居产品的不同应用场景。智能家居产品可以根据用户的生活习惯，为其提供个性化服务，加强

用户的体验感。

3. AR

AR 能够连接虚拟世界和真实物理世界，因此可以作为智能家居的运作平台以及智能家居控制平台的接入点，推动智能家居的发展。

在智能家居领域，AR 有许多优势，例如，AR 能够识别使用者手势，实现短距离内的无接触操作；AR 设备能够被随身携带，实现移动过程中的即时操作，灵活应用于各个场景；AR 智能眼镜能够识别多数设备，实现顺畅连接。

4. 传感器

传感器可以实现"感知+控制"，目前该项技术被广泛应用于智能家居领域，以提高其准确性和效率。传感器相当于智能家居产品的"神经"，可以实时收集数据，并反馈到物联网系统中，帮助智能设备实现"感知+思考+执行"。

云计算、VR、AR、传感器等技术与物联网的融合将使智能家居产品不断升级。这些技术可以为智能家居产品的发展提供重要支持，使智能家居产品的感知能力、思考能力、执行能力更强大，推动智能家居产品在生活中的落地应用。

8.2.4 UPS：物联网与大数据助力智能物流

UPS（United Parcel Service, Inc.，美国联合包裹运送服务公司）成立于 1907 年，在发展过程中，其一直积极拥抱技术，不断创新与变革。在技术的助力下，UPS 的物流网络已经覆盖全球超过 220 个国家和地区。UPS 每年投资超过 10 亿美元，用于优化服务、升级运输网络，以保障包裹按时交付，更好地满足用户需求。

为了节省运输成本，提高物流运输效率，UPS 把物联网、大数据、人工智能等技术整合到多个业务领域。UPS 前首席技术官 Juan Perez 曾表示，在 UPS，业务推动着技术发展，技术也让业务变得更好，二者相辅相成。

UPS 利用传感器和大数据进行数据分析，节省运输成本，减少物流运输对环境的影响。借助安装在汽车上的传感器，UPS 可以实时追踪运输车辆的油量、行驶里程数，了解其发动机状况。这些传感器能够采集每辆运输车的实时行驶数据，通过数据分析，能够帮助 UPS 有效控制有害燃料的排放，同时还能够避免运输车辆的空闲时间过长。

ORION（On-road Integrated Optimization and Navigation，道路集成优化与导航）是 UPS 管理运输车队的另一个智能工具。依靠物联网技术与先进的算法，ORION 能够根据收集的数据为运输司机规划最佳路线。同时，ORION 还能够根据行驶路段的实时情况，如天气情况、道路拥堵情况等，为司机提供全新的路线建议。

UPS 在物流运输过程中还应用了 NPT（Network Planning Tools，网络规划工具）这一智能工具。通过应用物联网、人工智能、大数据等技术，NPT 能够帮助工作人员对包裹从装载码头到仓储分拣再到目的地运输的全过程进行智能化决策。

智能技术正在加速为各领域企业赋能。例如，物联网可以连接设备，让设备与设备之间相互协作；大数据可以预测消费行为和未来趋势，指导新产品研发。智能技术深刻影响企业的生产、经营、管理等模式，不断提升各领域企业数智化水平。

8.3 智能工厂：物联网的超级应用方案

智能工厂是工业智能化发展的趋势，依托物联网及其相关智能技术，通过智造单元这一重要抓手，打造符合标准的智能工厂，是企业推动智能智造发展的重要方向。

8.3.1 五大标准，体现智能智造工厂的智能性

在信息数据化、管理现代化、设备智能化的时代背景下，越来越多的智能智造工厂涌现出来。智能智造工厂不仅要求自动化系统与智能设备的集成，还要求

全价值链质量平台的信息化落地。

打造智能智造工厂,不是单纯地升级生产线,而是要建立一定的标准来衡量工厂是否"智能"。智能智造工厂的智能性有以下五大衡量标准,如图8-3所示。

- 是否实现"车间物联网"
- 是否利用大数据分析
- 是否实现生产现场无人化
- 是否实现生产过程透明化
- 是否实现生产文档无纸化

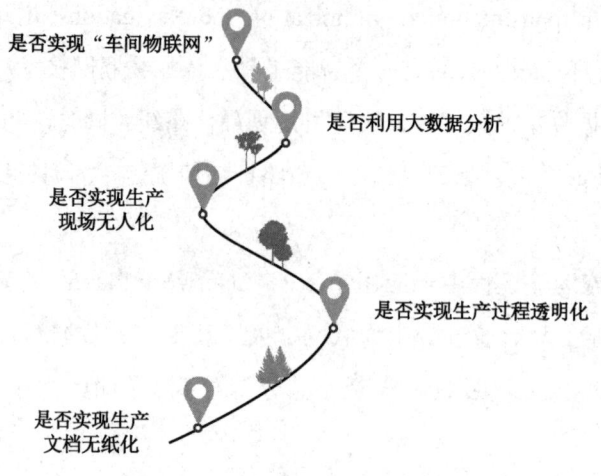

图8-3　智能智造工厂的衡量标准

1. 是否实现"车间物联网"

在智能智造工厂中,人、设备、系统三者能够构建出完整的"车间物联网",实现智能化的交互通信。传统的工业生产只存在设备与设备之间的通信,人与设备之间的交互还需要接触式操作。当建立起"车间物联网"后,车间内所有人与物都可以通过物联网连接起来,方便管理。

2. 是否利用大数据分析

随着工业信息化进程加快,工厂所拥有的数据日益增多。由于生产设备产生、采集和处理的数据量很大,因此智能智造工厂能够充分利用大数据技术进行数据分析。

在工业生产的过程中,设备产生的数据每隔几秒就被收集一次。大数据技术利用这些数据能够建立生产过程的数据模型,并和人工智能技术结合,不断优化生产管理过程。如果在生产过程中发现某个环节的生产偏离标准,系统就会自动发出警报。

3. 是否实现生产现场无人化

智能智造工厂的基本标准是自动化生产，无须人工参与。当生产过程出现问题时，生产设备可智能诊断和排查，一旦问题解决，立刻恢复生产。

4. 是否实现生产过程透明化

在信息化系统的支持下，智能智造工厂的生产过程能够被全程追溯，各种生产数据是透明的、可视的，通过人工智能系统可以轻松实现查询与监管。

5. 是否实现生产文档无纸化

智能智造工厂一定是环境友好型工厂，智能智造工厂的一个重要衡量标准就是是否实现生产文档无纸化。目前，一些制造工厂中的工艺过程卡片、质量文件、零件蓝图等文件都是纸质的，不符合智能智造工厂的标准。

生产文档无纸化不仅能够减少纸张的浪费，还能解决纸质文档查找困难的问题，极大提高工作人员检索文档的效率。

这些标准表明，建设智能智造工厂是全面的、系统的工作。只有明确智能智造工厂的标准，才能建设出具有自己风格的、符合自身生产实际需要的智能智造工厂。

8.3.2 智造单元：智能智造工厂落地的抓手

智能智造工厂是一个非常复杂的系统，打造智能智造工厂需要从整体进行考虑。而落实到具体的生产线，则需要从构建智造单元做起。智造单元是一种积木式、模块化的智能智造工厂实践，是推动智能智造工厂落地最有效的抓手。

智造单元是一种工业转型升级实践，能够推动智能智造工厂阶段式落地。智造单元从工业生产的基本生产车间出发，将一组功能近似的设备进行整合，再通过软件的连接形成多功能模块的集成，最后和企业的管理系统连接。

智造单元从生产现场的基本要素出发，实现硬件、软件设备的一体化，为工业生产提供小批量、多种类解决方案。智造单元可以用"一个现场，三个轴向"来描述，三个轴向具体为资源轴向、管理轴向、执行轴向。

1. 资源轴向

资源轴向的资源是抽象意义上的资源，可以是任何对象，包括员工、设备、工艺流程等，也包括精神层面的企业文化、企业开展的各种活动等。

值得注意的是，员工是企业宝贵的资源。虽然许多生产线都实现了以机器取代人工，但在产品生产的过程中，员工对机器的控制、决策等起着决定性作用。因此，实现员工资源的优化配置，加大对员工操控智能设备能力的培训力度，是企业提升智能智造能力的关键之一。

2. 管理轴向

管理轴向指的是生产过程中的要素管控和运行维护过程，包括对产品的质量、成本、性能、交付等的管理、把控。

3. 执行轴向

执行轴向是 PDCA 循环的体现，包括计划（Plan）、执行（Do）、检查（Check）和行动（Action）。

智造单元实际上是最小的数字化工厂，本身可以实现多品种、小批量（单件）的产品生产。更重要的是，智造单元能够最大程度地保护工厂的现有投资，工厂既往的设备都可以重复使用。如此一来，工厂的投资成本得到控制，对推进智能智造工厂的建设十分有利。

智造单元是智能生态的最小单元，能够充分组合工厂现有的资源和设备，在智能环境下使已有设备的功能和效率最大化，体现智能智造的调控性。

8.3.3 青岛啤酒的智能工厂

2021 年，世界经济论坛宣布，青岛啤酒股份有限公司成为啤酒饮料行业中全球首家"灯塔工厂"。"灯塔工厂"是全球先进制造工厂的象征。作为"灯塔工厂"，青岛啤酒始终专注于通过战略创新与智能技术的引入，将生产效率提升到更高水平，实现可持续发展。

青岛啤酒智能工厂实现了物联网、人工智能、大数据等智能技术的融合应用，不仅大幅提高了产品的市场竞争力,还兼顾了环境保护。青岛啤酒智能工厂的具体策略如下。

第一,大力开发啤酒生产线上的识别成像技术。青岛啤酒积极开展对外合作,与物联网、人工智能、大数据等技术领域的先进企业以及科研机构进行联合,研发出啤酒生产线专用的识别成像技术。

该技术系统共设置9个摄像头,同时创新应用了高精准定位、小区域磁浮电机等技术。技术开发人员表示,在实践应用过程中,该技术能够在每秒生产60瓶啤酒的高速生产线上,对存在缺陷的产品进行准确识别,且迄今为止错误率为0。

第二,推动包装工序智能化。啤酒的包装环节往往是劳动密集型业务,需要大量人力。青岛啤酒的智能工厂引入先进的智能包装设备,通过应用智能机器人以及数据全面驱动,使包装环节实现智能化。"灯塔工厂"项目改造使青岛啤酒生产线的整体效率提高了30%,品种转化时间减少了70%。

第三,打造智能化分拣平台,实现全流程"端到端"数据驱动。青岛啤酒智能工厂打通了供应商平台、制造平台与智能分拣平台,供应商运用高清印刷设备将产品图案与特定二维码印刷在罐体上,将其发至啤酒工厂。啤酒工厂进行灌装与智能分拣,打印产品物流码,将产品交付给物流公司,由物流公司将产品运送到消费者手中。二维码是产品数据的重要载体,产品数据贯穿整个生产过程和物流过程,形成数据驱动闭环。

青岛啤酒持续推进智能智造的发展以及企业的数智化转型升级,不断促进物联网、人工智能、大数据等智能技术在智能工厂中的集成应用,带动上下游产业链实现技术升级。

第 9 章

云计算：实现数据随用随取

> 云计算作为重要的新兴技术之一，能够实现多个企业、行业、地域之间的协作创新，整合多种应用，提高资源利用率，优化用户的体验，满足用户的需求。在业务全球化的趋势下，云计算能够实现资源、技术、数据的共享和云化，赋能智能智造转型升级。

9.1 智能智造时代，云计算的赋能作用

云计算不仅解决了传统 IT 成本高、管理效率低的弊端，还能够与物联网、大数据、人工智能等技术结合，加速产业融合、升级，培育和发展新兴制造业，发挥其强大的赋能作用。

9.1.1 云计算的定义、分类以及发展历程

云计算是一种分布式计算技术，原理是通过网络"云"，将运行的巨大数据计算处理系统分解成多个小程序，然后通过多个服务器组成的系统对这些小程序进行分析、处理，并将处理的结果传给用户。云计算的本质是在资源和架构方面实

现全面弹性，即时间灵活性和空间灵活性。云计算有利于降低企业运营成本，更加契合企业业务变化的需求，是企业实现智能智造的有效助力。

云计算具有多种分类，不同类型的云计算可以满足企业的不同需求。按照部署云计算的方式，云计算可以分为3类，如图9-1所示。

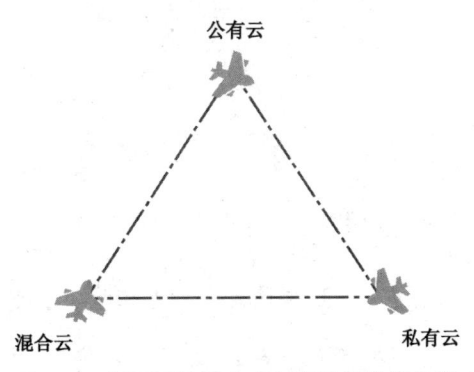

图9-1 部署云计算方式角度的云计算分类

（1）公有云。公有云是一种被广泛使用的、提供给用户或企业的云基础架构，指的是通过第三方供应商为用户提供可以通过网络访问的虚拟环境中的服务器空间。用户可以通过购买数据存储空间、云服务器等与云有关的服务来访问服务器空间，如阿里云、腾讯云和百度云。

（2）私有云。私有云是为用户单独使用而构建的，能够保障数据的安全，提升服务质量。私有云主要供企业使用，使用私有云的企业一般拥有基础设施，并且可以控制在基础设施上部署应用程序的方式。

（3）混合云。混合云是公有云与私有云两种部署方式的结合，具有高度可扩展性、近乎无限的存储容量、极高的安全性与灵活性。出于安全考虑，企业并不会将所有信息都存储在公有云上，因此混合云成为最优选。

从所提供的服务类型的角度出发，云计算可以分成3类，如图9-2所示。

（1）基础设施即服务（Infrastructure as a Service，IaaS）。这是最常见的云计算服务模型，可以为企业提供虚拟服务器、网络、数据存储的基础架构，帮助许多企业实现计算的灵活性、可靠性与可扩展性。IaaS是一项按照使用量付费的服务，可以作为公有、私有或者混合基础设施供企业使用。

```
            基础设施即服务
                 △
                / \
               /   \
              /     \
             /       \
            /         \
           △-----------△
        软件即服务      平台即服务
```

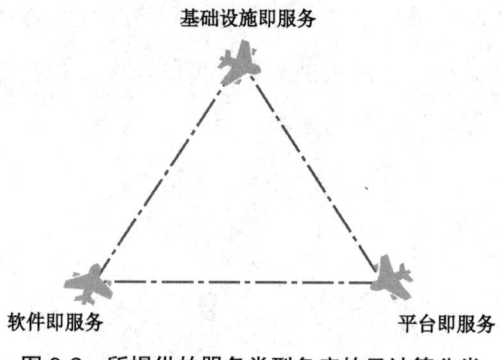

图9-2　所提供的服务类型角度的云计算分类

（2）平台即服务（PaaS）。PaaS具有灵活性和强大的支持力，可以帮助企业快速创建Web应用程序。PaaS解决方案具有可扩展性，允许多个开发人员在同一个业务环境中构建、调试、部署和更新应用程序。对于需要利用现有数据源的情况，PaaS也能发挥作用。

（3）软件即服务（SaaS）。SaaS适合在云端的远程计算机上运行，这些计算机由操作人员使用，通过网络与Web浏览器连接到用户的计算机。其优点是可以方便快捷地使用创新的商业应用程序，访问已连接的计算机中的应用程序与数据，如果计算机遭到损坏，数据也不会丢失，因为数据被存储在了云上。

云计算作为智能智造时代的重要技术之一，其能力的提升离不开硬件性能的提升，特别是芯片性能的提升。芯片的主流发展方向是利用人工神经网络技术模仿大脑的功能，芯片共经历了5次演变，如图9-3所示。

在执行任务的过程中，CPU（Central Processing Unit，中央处理器）一次只能够处理一个数据，所以不能跟上AI的发展步伐。而且，传统的CPU不适合AI算法的执行，因为CPU的计算指令只是简单地遵循串行执行的方式，不能够充分发挥芯片的潜力。在AI时代，我们必须改进CPU的性能或者创造新型的计算机智能芯片，这样才能让计算机拥有超强的云计算能力。

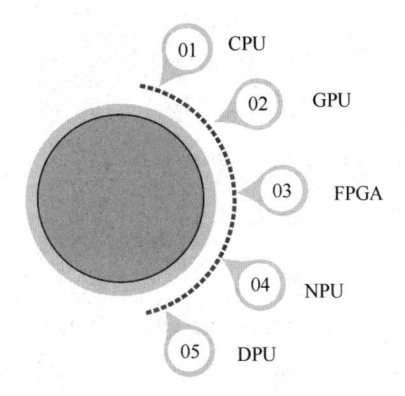

```
     01  CPU
     02  GPU
     03  FPGA
     04  NPU
     05  DPU
```

图 9-3　芯片的 5 次演变

GPU（Graphics Processing Unit，图形处理单元）的问世有效地弥补了 CPU 的不足。因为 GPU 存在多个处理器核，拥有更多的逻辑运算单元，所以能够同时处理多个复杂的数据。因此，同样的程序在 GPU 系统上的运行速度会提高上万倍。而且，GPU 具有高并行结构，在处理图形数据和复杂算法方面比 CPU 的效率更高。

FPGA（Field Programmable Gate Array，现场可编程门阵列）是对 PAL（Programmable Array Logic，可编程阵列逻辑）等可编程器件的完善与发展。在 FPGA 内部，包含海量的、重复的 CLB（Configurable Logic Block，可配置逻辑模块）和布线信道等单元。这种设计使得 FPGA 的输入与输出不需要大量的计算，仅通过烧录好的硬件电路，就能够完成对信号的传输。

FPGA 能够有效提升计算机完成任务的效率与精准性。FPGA 的功耗比能够达到 CPU 的 10 倍、GPU 的 3 倍。功耗比的优势源于，FPGA 中没有去指令和指令译码操作。这些操作会增加 CPU 和 GPU 的功耗。FPGA 具有高度的灵活性，为云计算的实现和优化留出了更大的空间。

虽然 FPGA 已经有较大优势，但以数据为中心的 NPU（Neural Network Processing Unit，神经网络处理器）还是突出重围，成为各大芯片公司的"新贵"，促进行业升级发展。NPU 之所以叫神经网络处理器，是因为其采用电路模仿人的神经元，构成人工神经网络。人工神经网络可以通过不断学习解决特定的问题，

实现信息处理。

NPU采用"数据驱动并行计算"的架构，能够处理海量数据，如图像、视频等。NPU能够加速神经网络的运算，解决之前芯片在神经网络运算时效率低下的问题，与CPU、GPU相比，NPC有百倍以上的性能提高，为云计算的发展提供助力。

继NPU之后，DPU（Data Processing Unit，数据处理单元）发展火热，其主要功能是构建强大的基础设施，加速处理性能敏感且通用的工作，以更稳定地促进云计算上层业务的创新。

DPU有很多功能可以为芯片的日常应用提供保障，如带宽压缩、安全加密、网络功能虚拟化等。如果我们将其他处理器处理速度慢，甚至处理不了的工作转移给DPU，就可以很好地提升整个系统的处理效率，降低系统的总体成本。

根据数据公司Fungible的预测，DPU将达到千亿量级的市场规模。而英伟达、英特尔、亚马逊、阿里巴巴、Marvell、Broadcom等公司都在积极进行DPU的研发，以不断提升DPU技术能力。这些公司的研发会促进云计算和芯片的不断发展。

9.1.2 智造上云是必然趋势

随着企业数字化、智能化转型进程的加快，企业对于云计算的需求不断增加，这推动了云计算技术的发展。从整体来看，云计算呈现出4个发展趋势，如图9-4所示。

1. 大数据赋能，运算能力成为新焦点

在移动互联时代，用户会在互联网上留下自己的消费数据。例如，最近的浏览痕迹、往期的消费记录、消费物品的属性等。每个上网的用户每天都会产生许多类似的数据。随着互联网普及面的扩大，将有越来越多的上网用户，随之而来的就是天文数字般的消费数据。

人们的消费领域很多，不仅涉及衣食住行等基本生活领域，还涉及教育、医疗、金融、娱乐文化等更高层次的领域。互联网上海量数据纷繁复杂、杂乱无章。

```
01  大数据赋能，运算能力成为新焦点

02  用户交互方式多元，算法新升级

03  物联网崛起，云计算AI化

04  智造上云是必然趋势
```

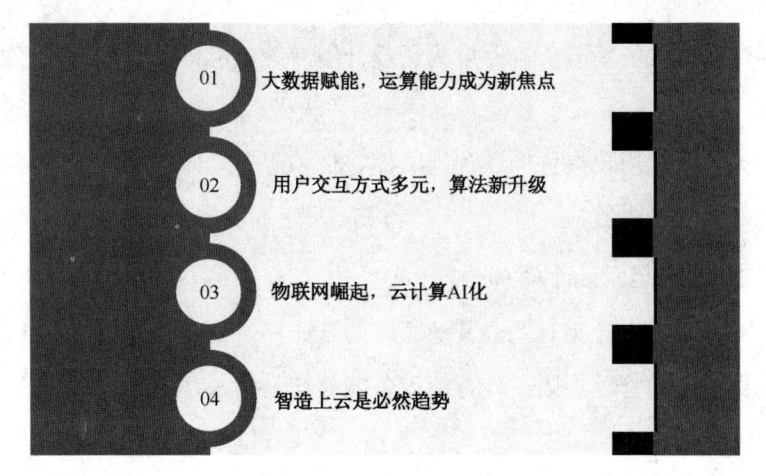

图 9-4　云计算的 4 个发展趋势

在 AI 时代，企业应明确数据的重要意义，从各个渠道挖掘有效的数据。想要真正地运用好这些数据，企业就需要对数据进行系统优化，这就离不开云计算的支持。

云计算能力的提升，将是众多企业发展的新焦点。只有真正提高了云计算能力，获取的用户数据更精准、有效，才能更好地指导企业决策。

针对企业在挖掘数据、使用数据方面存在的问题，百度云发布"天算"平台。"天算"平台借助先进的云计算技术，能够帮助企业高效地对用户的消费数据进行分析整理，并根据用户的消费行为，描摹画像，向其智能推荐相关的产品。这样既提升了用户的消费体验，也为企业带来了新的商机，提高企业的用户留存率，最终达到双赢的效果。

2. 用户交互方式多元，算法新升级

步入 AI 时代，用户进行人机交互的方式更加多元。用户不仅能够通过输入文字搜索商品，还可以通过语音或图片识别的方式搜索相关产品。多元的交互，必然产生多元的数据信息。传统的算法只能简单地对文字与数字信息进行处理，不能够对图片、语音以及视频信息进行高效的分析和整理。在 AI 时代，技术的变革必然促使算法进一步升级。

面对交互方式的新升级，百度为了提升用户的使用体验，达到更好的用户留存效果，通过百度云发布了智能多媒体平台"天像"。"天像"的功能多元且强大，不仅能够高效处理用户提供的图片、文档、视频等多媒体信息，还能够提供人脸识别、文字识别等服务。

3. 物联网崛起，云计算 AI 化

物联网领域的云计算有别于其他领域的云计算。物联网领域的云计算的重点在于建立标准化的管理规则，让智能设备能够统一接入、调度、检测各方面的数据信息。

传统云计算将逐渐被时代淘汰，它需要升级转化，进一步与 AI 结合，将自身进化为 AI 云计算。

4. 智造上云是必然趋势

以智能智造为核心的第四次工业革命引发制造业数字化、智能化升级变革。智能智造涵盖产品研发、设计、生产、供应、物流等一系列环节，不仅是生产制造过程的自动化、数字化、智能化，还是整个产业链乃至整个行业生态的全面数字化、智能化。

智能智造成为制造业的未来发展趋势，传统企业必须顺应时代，积极转型升级。智造上云即企业将办公设备等连接到网络云平台，利用云平台赋能智能智造。智造上云能够提高企业生产制造效率与创新能力，为智能智造转型升级打下坚实的基础。

9.1.3 良品铺子与华为云的跨界融合

随着互联网的快速发展，用户的消费习惯发生了改变。用户的购物时间越来越碎片化，购物地点与购物渠道越来越随机化，用户渴望能够随时随地通过多种渠道下单，实现线上线下全渠道购物。面对全渠道零售的美好蓝图，一些有远见的企业抓住了这个机遇。

良品铺子是一个集休闲食品研发、加工分装、零售于一体的连锁品牌。在"互联网+"思维的影响下,良品铺子根据企业特点创新性地提出了全渠道业务模式,与华为签署战略合作协议,将业务模式落地,改善用户的消费体验。

1. 全渠道布局增加用户体验感

零售业的发展十分曲折:20 世纪 90 年代是单渠道时代,以实体店为主,只能覆盖周边的顾客;21 世纪,网络时代到来,零售业转变为线上线下双渠道,多渠道时代到来;经过 10 多年的发展,企业开始关注顾客的体验,实体店铺的地位弱化,全渠道零售时代开启。

于武汉本地成长起来的良品铺子,在全球经济下行的大环境下,提出了全渠道业务模式,成为逆势增长的典范。良品铺子的全渠道业务模式,就是让用户可以线上下单、线下提货,或者基于移动设备随时随地购物。用户可以在各个渠道购买商品,如线下门店、微信小程序、淘宝、京东、唯品会等。

良品铺子表示,线上用户的转移成本很低,如果没有品牌忠诚度,用户很容易从一个品牌转移到另一个同类品牌,而其全渠道布局,能够拉近与用户的距离,提升用户的忠诚度。

2. 跨界合作,打造零售业全渠道标杆

如何紧跟互联网发展趋势,实现战略转型,成为越来越多的企业关注的重点。但是,转型涉及技术门槛、数据管理、模式创新等,这些都需要长期布局,才能发生转变。

实现全渠道布局,需要强大的信息化技术作为支撑。良品铺子和通信与信息解决方案供应商华为及其合作伙伴武汉市德发电子信息有限责任公司展开深度合作。华为将为良品铺子提供全系列 ICT(Information and Communication Technology,信息与通信技术)产品解决方案,包括业内技术领先的服务器、一体机以及应用于大型数据库和高性能计算的存储系统。

良品铺子引进华为的 IT 战略咨询服务,在战略、业务、运营等多方面创造商业价值。华为表示,双方致力于成为信息化建设的优秀伙伴,为用户带来良好的购物体验。

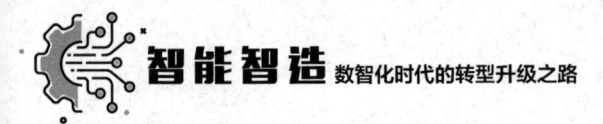

3. 良品铺子借助华为实现加速腾飞

华为认为，未来是全联接的世界，全渠道则是全联接零售的表现形式。基于这个想法，华为在零售行业推出了一系列解决方案，包括数字商城解决方案、零售大数据解决方案、数字门店解决方案等。其中，与 SAP 联合推出的 SAP HANA 一体机系列解决方案是支持全渠道零售业务的核心解决方案之一。

良品铺子部署了 SAP HANA 系统，构建了实时的 CRM 和数据仓库系统，提高了数据分析速度，能够有效支撑其精准营销与决策实施。得益于与华为的合作，良品铺子在全渠道零售转型中抢占先机，实现了跨越式发展，成为全渠道零售标杆。

良品铺子表示，与华为的合作，能够为其收益持续增长注入动力，助力其实现腾飞。华为的数字化、信息化服务能增强良品铺子的运维能力和管理软实力，提高工作效率，提升服务能力。

9.2 "智能+"赋能云智造

"智能+"时代必然要有与之匹配的工业互联网，于是"云智造系统3.0"应运而生。"云智造系统3.0"是"智能+"赋能云智造的实例，能够加快制造业向数字化、云化、智能化转型升级，是一种能够适应新时代的先进智能智造系统。"云智造系统3.0"以用户为中心，形成人、机、物相互融合、互联的智能新模式。

9.2.1 基础设施上云助力智能智造升级

企业上云的核心是通过应用云计算技术推动产业创新，实现更加敏捷、灵活的管理，降低制造成本，增强企业发展实力与市场竞争力。

在新兴技术不断更新迭代的今天，企业纷纷向云运维模式发展，企业上云最大的积极意义在于能够使企业实现数据资源与技术资源的共享，帮助企业协同创新，始终保持先进的经营理念与正确的发展方向。

企业上云能够有效解决技术开发门槛较高、IT需求难以扩展、与其他企业的端口合作难以开展、运维成本较高等问题，使企业根据自身实际发展情况变革业务模式，有利于企业专注于主业经营。

基础设施上云是企业上云的重点，指将企业原有的IT基础设施迁移到云上。企业的IT基础设施包括机房、计算机设备、存储设备以及配套安全终端等。上云主要解决在这些领域采取什么技术、如何实现基础设施云化等问题。

例如，企业上云已经成为一种趋势，作为一家健康科技公司，飞利浦积极拥抱这种趋势。在医疗健康领域，飞利浦利用数智化技术进行慢性病防治，提供从产品、软件到以专病为基础的整体解决方案。例如，飞利浦曾为心脑血管疾病的术后康复提供数字化解决方案。

飞利浦的数字化解决方案对IT基础设施的要求极高，飞利浦的自建数据中心无法满足这种要求，而云平台可以满足这种要求。与自建机房IT架构相比，云平台可以将云上提供的大数据、人工智能平台作为基础设施融入业务系统中。

飞利浦在对混合云架构构建、安全架构、企业级云管理服务能力与资质等进行评审后，关闭了苏州的数据中心，将企业应用从传统IT系统迁移至阿里云。上云后，飞利浦的IT运维成本缩减了54%，人力成本也大大降低，运维人员能够专注于业务系统的运维与优化。

基础设施上云需要企业根据业务需求，重点发展弹性使用云平台内部各种云服务器的能力，以此实现计算资源与数据资源的动态分配与集中管理。企业还要对存储资源进行分类管理及使用，通过虚拟私有网络、虚拟私有云、弹性负载均衡等手段对云平台的网络资源进行安全、高效利用。

9.2.2 提质增效：传统生产流程升级

智能智造是增强制造业竞争力的有力手段。企业引入智能技术，将这些技术融入制造活动的设计、生产、服务环节，缩短了研发周期，提高了生产效率与产品质量，为企业数智化转型升级提供了新动能。

智能智造能够变革传统生产流程，实现提质增效。以华硕为例，一款产品从设计到生产再到送到用户手中，要经历许多环节，因此，提升效率十分重要。华硕对此深有感触，利用出色的生产工具为企业生产提质增效。

制造活动的首要环节是设计。CAD（Computer Aided Design，计算机辅助设计）、CAE（Computer Aided Engineering，计算机辅助工程）等通过计算机辅助设计、分析与模拟验证取代手绘图纸，成为工业设计的必备应用。但它们对计算机硬件配置提出了较高的要求，要求处理器具有较强的负载能力与图形处理能力。华硕破晓X高性能商务台式电脑提升了设计制造的可靠性，其配置了强大的运算能力与图形处理能力，能够帮助制造企业提升研发设计效率。

制造活动的中心环节是生产制造。IT与OT（Operation Technology，操作技术）相互融合，能够利用数字化技术快速记录、分析工业过程数据，优化工业生产流程，打造智能工厂。生产数据的精准分析是企业提升智造能力的关键，华硕破晓系列商务电脑具有稳定、高效、安全的特点，能够帮助生产现场的管理人员实时分析生产过程。例如，华硕破晓2轻薄商务笔记本能够适应复杂的生产环境，具有便携性，屏幕可实现180°开合，成为智能智造企业生产管理人员的最佳工具。

供应链环节是企业降本增效的重要节点之一。采购部门往往要寻找性价比高的原材料，物流部门渴望低成本运输，生产计划部门则要保持合理的库存。信息流、物流、资金流能否有效协作，与生产制造紧密联动，是考验制造企业经营水平的重要因素。华硕破晓系列电脑为供应链上的各类工作提供了适应不同场景的电脑设备。例如，对于采购部门，华硕破晓系列笔记本和台式机都进行了拓展设计，丰富的接口能够支持多种设备连接，方便企业进行物资验收、入库、盘点等工作。

华硕破晓系列笔记本还为业务流程释放数字生产力。一款产品只有满足了用户的需求，才能够得到用户的认可。华硕破晓全系列电脑都搭载了声波智能滤噪双向AI降噪技术，使用户即便居家办公也能够安静地参与远程会议。华硕破晓系列还构建了可靠的 IT 环境，保护企业的知识产权与敏感数据。

数字化、智能化技术能够提升生产的敏捷性，提升企业的研发与生产效率。智造转型升级能够使制造业全流程走向数字化，企业可以通过数据分析进行智能决策，提质增效，实现创新发展。

9.2.3 云机器人：智能智造的绝佳推动力

云机器人是机器人学术领域的一个全新概念，是云计算与机器人的结合。云机器人如同其他网络终端一样，本身不需要存储资料或者具备超强的计算能力，只需要向云端提出请求，然后等待云端响应，满足自己的需求。

传统机器人拥有一定的计算与数据存储能力，能够根据编写的程序完成特定任务，达到计算智能层级。然而没有对应程序时，机器人无法对突发情况做出合理反应。传统机器人在执行一些复杂任务时，如物品抓取、定位导航、地图绘制等，大量的数据获取和数据处理会给其带来存储和计算压力，即便能够完成任务，效率和效果也不够理想。云机器人能够解决传统机器人在复杂生产环境中的弊端。云机器人的意义在于，借助互联网与云计算，帮助机器人进行学习与知识分享，打破机器人自我学习的局限性。

云机器人借助 5G、云计算、人工智能等先进技术，达到了感知智能层级。云机器人由云上"大脑"控制，位于云端数据中心的"大脑"具有强大的存储能力与计算能力，能够利用多种技术控制云机器人，使云机器人能够相互学习、进行知识共享。这不仅能够降低成本，还能够提高机器人的自学、适应能力，加快机器人的普及速度。云机器人凭借其优秀的适应能力，成为机器人的未来发展趋势，推动智能智造不断发展。

1. 云机器人的优势

云机器人作为智能智造的绝佳推动力，具有 3 个方面的优势，分别是云端管理与多机器人协作、自主运行能力、数据共享与分析。

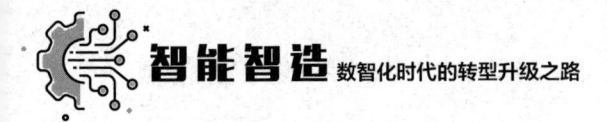

(1) 云端管理与多机器人协作

被应用于工厂或仓库的工业机器人，往往需要具备多种拓展功能。工业机器人需要被统一的软件平台管理，与各种自动化设备连通，保障现场各个设备的协同运行。例如，传送带、机床、扫描仪等。

传统的机器人与自动化设备管理方式可能需要许多服务器，但是云端管理能够提供强大处理能力而不需要部署价格高昂的服务器。在云端，企业就能够实现海量数据的处理与机器人调度管理。

在工厂生产线上，机器人与许多自动化设备协同工作。在这种情况下，信息的交互与共享极其重要。云端软件会与不同的机器人通信，对环境进行分析，将任务分配给合适的机器人。云端软件会实时掌握每个机器人的工作状态，并安排最近的机器人执行相应的任务。操作人员不需要去现场监控生产活动，在云端便可以进行生产管理，提升生产效率。

(2) 自主运行能力

传统机器人一般按照设定的程序完成指定任务，无法处理复杂问题。云机器人结合云端计算能力，能够在拥有智能性、自主性的前提下，降低对机器人的功耗与硬件要求，使得机器人更轻、更小、更便宜。例如，机器人的导航能力。移动机器人可以在仓库、物流中心与生产线之间运输货物，同时避开人员、叉车和其他障碍。机器人身上安装了激光雷达，可以对周围环境进行扫描，并将扫描数据上传到云端。在云端进行数据处理、路线规划，然后再将信息传输给机器人，让机器人自动导航。这些地图与信息可以在机器人之间进行传输，实现多机器人协作，提高货物的搬运效率。

(3) 数据共享与分析

云计算使得云机器人具有数据分析能力。云机器人在执行任务的过程中会收集许多信息，包括环境信息、机器的状态和生产需求等，将这些数据在云端进行整理、分析，便可以得出最佳的决策方案。

云机器人每天会产生大量数据，这些数据都被存储在云端。通过对历史数据的分析，云端可以预判接下来将会出现什么问题，以及时响应。从数据的存储、分析到任务下发，云端对于机器人的控制发挥着重要作用。

2. 云机器人在多领域的应用

云机器人已经实现了在多个领域的应用，推动智能智造的实现。

（1）云机器人助力智能工厂建设

为了提高智能智造的水平，通用汽车公司与其战略合作伙伴发那科公司、思科公司共同推出了ZDT（Zero Down Time，零停机时间）解决方案。该方案通过运用云计算、大数据、物联网等技术，分析通用汽车工厂中机器人收集的数据，发现可能导致停机事件发生的潜在问题。

ZDT在通用汽车工厂中发挥着重大作用。自ZDT方案推出以来，通用汽车已经避免了100多起非计划停机事件，避免了许多损失。随着数以千计的机器人连接到云端，并建立通信，通用汽车工厂的设备综合效率大幅提高，获得了高额回报。

（2）云机器人提升了服务型机器人的能力

服务型机器人的主要服务对象是人类，服务型机器人需要具备人类的认知与学习能力，即具有高自主性和联想能力。例如，餐馆中的服务机器人将水端到顾客面前的过程，就是其不断深化对世界的理解以及对送餐路径不断学习的过程。

借助云计算，一方面，机器人与其他机器人、家电在内的硬件设备可以实现相互通信；另一方面，机器人通过经验数据进行学习，并具有极强的环境适应能力，能够在成本、性能、用户体验等方面实现质的飞跃。

云机器人的出现是科技和经济发展的必然结果。云机器人的广泛应用，可以使制造业更好地实现业务协同、人机交互，推动智能智造实现。

9.3 数智化技术推动云生态发展

在5G、大数据等技术的助推下，云计算作为被广泛使用的算力解决方案，需

求量增长，获得了快速发展。随着云计算技术生态的不断完善，以边缘计算为基础的分布式云生态和数据中台将发挥重要作用。

9.3.1 以边缘计算为基础的分布式云生态

随着互联网的快速发展，每天数以亿计的设备会产生大量数据。5G 高可靠、低时延、大容量的网络通信能力与 AR、VR 沉浸式交互模式的逐渐成熟，为工业互联网、车路协同等领域带来了全新的技术赋能。但是，如果将设备运行产生的数据全部传输至数据中心，不仅成本高昂，还可能导致网络拥堵、数据处理延时。而以边缘计算为基础的分布式云生态能够解决这一问题。

边缘计算指的是在靠近数据源头的一侧提供计算、存储和应用核心能力，满足行业在业务的实时性、应用智能、数据安全与用户隐私保护等方面的基本需求。从架构上看，边缘计算可以分为传感控制层、网络层、敏捷控制器、应用层，每一层都有不同的特点和职责。多个层级分工明确，数据不需要全部上传至云计算平台便可以交换和共享。相对于云计算，边缘计算具有以下 3 个优势，如图 9-5 所示。

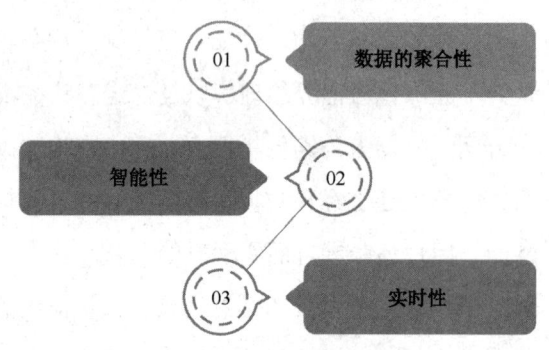

图 9-5 边缘计算的 3 个优势

（1）数据的聚合性。物联网的终端设备可以收集大量数据，这些数据可以先通过边缘计算进行初步处理，然后再上传至云计算平台进行汇总与加工，这样可以提高数据传输和处理的效率，降低计算成本。

（2）智能性。许多数据可以直接通过边缘计算的服务器进行处理，这就好像部门负责人对一些小事件有处理的权利，不需要事无巨细地向上级汇报。在传统架构中，所有功能与操作都需要将数据回传至中央服务器，但边缘计算能够直接处理并获取最终结果，在很大程度上提升了物联网的工作效率。

（3）实时性。相对于其他技术，边缘计算能够使联网设备及时处理数据。数据通常需要经过中央服务器进行远距离传输，但远距离传输的速度比较慢。边缘计算能够及时获得数据，用最快的速度、最高的效率将这些数据处理好并完成回传，这样就充分避免了数据的往复传输，加快了数据远距离传输的速度。

在上述优势的助力下，边缘计算的服务器可以及时获得物联网感知层的数据，有效防止操作延迟、网络拥堵等现象出现，大幅降低中心计算的成本。

随着物联网、工业互联网等行业应用的重点模块持续落地，5G 网络大幅提升接入侧能力，边缘侧的业务场景不断丰富，各类应用对整体架构的低时延、高可用、多接入提出了更高的要求。在这样的要求下，传统的数据中心、运营商网络资源、边缘节点计算资源与终端设备不断融合，促进了云边协同和云网端融合。

在云网端融合的大趋势下，大量分散的边缘计算节点、终端设备以及用户可以通过边缘计算技术接入分布式云架构。云边协同管理平台会对算力资源、数据、安全等方面进行统一的协同调度，为 5G 时代各个应用场景提供全面的算力基础设施与详细的解决方案。

9.3.2 数据中台在智能智造领域的作用愈发重要

在智能智造的大环境下，数据中台的作用愈发重要。数据中台既可以保护企业已有的信息化投资，又可以利用最新的信息成果帮助企业实现快速迭代，促进企业发展。

数据中台指的是通过数据技术收集、计算、加工大量数据，并按照一定的标准统一数据。统一数据后，会形成标准数据，数据中台再将这些数据进行存储，形成大数据生产层，为用户提供高效的服务。

数据中台的技术架构采取云计算架构模式,将数据云化,存储在云端并整合资源,为用户提供一站式数据服务。数据中台可以助力智能智造企业进行价值挖掘,推动智能智造与数字化中台建设相结合。这样既可以保护企业既有的信息化投资,又可以充分利用最新的科技成果,助力企业实现快速迭代。

数据中台不是一套软件或者信息系统,而是一系列数据组件的集合。企业可以根据自己的信息化基础建设、数据基础、业务特征自行定义数据中台的功能,利用数据组件构建数据中台。

在制造业数智化转型升级的过程中,数据中台的作用越来越重要。数据中台能够为数据开发者提供一体化的数据开发平台。数据开发平台能够通过数据的资产化与服务化实现数据自主采集、治理、开发等,帮助企业更轻松地管理数据、应用数据,实现数据智能化。

数据中台助力企业数智化转型升级的具体表现如下。

(1)提升开发的效率,降低开发的难度。数据中台能够覆盖数据加工处理的全部应用场景,提升开发效率。

(2)降低开发成本,构建数据服务。数据中台可以通过数据服务将服务管理可视化,提升服务和数据资产的复用性,降低开发成本。

(3)构建企业自有的数据资产。数据中台在对企业的数据进行治理后,将形成数据资产,数据资产可以为上层应用提供服务。企业可以根据数据资产构建自有应用,实现数据价值。

(4)提升数据质量。数据中台通过数据管理系统对业务系统数据进行整理,使各个业务系统拥有统一的管理标准,提升了管理效果与数据质量,推动数据资产化的实现。

(5)提升数据安全。数据中台通过数据安全模块的功能对数据进行级别设定,并通过资产加密、脱敏等方法,对企业的数据进行安全脱敏与存储,保障了企业数据的安全。

(6)开发数据挖掘算法与智能预测算法。数据中台可以通过历史数据进行问题预测，从被动解决问题转变为主动预防问题，避免公司在业务上产生重大损失。

（7）数据中台可以提升上层应用使用数据的简便性，让数据成为可以被业务方查看的产品，同时提供可视、订阅、下载等多种使用方式。

企业在实现智能智造转型升级的过程中，会面临许多挑战，只有采取合适的解决方法，才能够从根源上降本增效。未来，数据中台将会在企业中发挥更重要的作用。

实战篇
智造方案落地场景

第10章

产品数智化：产品的全面智能优化

> 面对数智化转型升级的浪潮，各企业应当合理运用智能技术，将智能技术与自身发展经验相结合，切实落实到从产品生产到销售的每一个环节中。

10.1 产品数智化亟须突破两大瓶颈

在产品数智化过程中，有两大瓶颈亟待突破：一个是企业产品自主设计意识需要提升，智能创新精神需要增强；另一个是对数据的应用要深入，要能够在最大程度上挖掘出数据对于产品制造的价值。

10.1.1 培养产品自主设计意识

在众多制造企业中，有一部分企业往往受"拿来主义"的诱惑，直接照搬其他成功企业的产品设计方案，缺乏创新性以及自主设计意识。

自主设计、自主研发，掌握核心智能制造技术，对一个企业的成功有着至关重要的意义。即使是实力雄厚的头部企业，若是不能将核心智能技术掌握在自己手中，也会受制于人，难以实现产业进一步智能化升级。

例如，东风汽车集团旗下的东风裕隆，就因为缺乏核心智能技术处于发展困境之中。在发展初期，东风裕隆获得了行业内部与消费者的一致好评。然而在后续的发展中，东风裕隆持续走低，市场表现十分羸弱。

究其原因，就在于东风裕隆不具备自主核心智能技术。在各汽车企业逐渐开始应用小排量的涡轮增压技术后，东风裕隆仍旧在使用大排量的涡轮增压，油耗压力过大，被消费者诟病。此外，由于缺乏动力总成、整车技术平台等方面的设计研发能力，东风裕隆后续产品的研发业务难以开展。

面对越来越激烈的市场竞争新形势，作为市场竞争的主体，企业必须不断研发出更加符合市场需求的产品，这样才能在长期竞争中始终占据优势地位。培养产品自主设计意识，对于所有企业都极为重要。

首先，有利于巩固自身的市场地位。随着技术的飞速发展，传统企业逐渐被市场淘汰，能够凭借某款畅销产品而在市场中长期占据领先优势的企业不多。企业必须结合市场需求，不断优化产品方案并加大新产品的开发力度，这样才能获得长期向好发展的底气。

其次，有利于开辟新的市场。积极进行产品的自主设计与研发，是企业拓展新的经营领域的必由之路。有智能创新性的企业才有活力，才不会故步自封，才能突破自身进一步发展。企业需要持续进行新产品的研发，开辟新的消费市场，打通自身发展通路，全面提升市场竞争力。

最后，有利于提高企业自主经营能力，避免受制于人。如果企业的核心智能技术或者核心产品不是自主研发的，而是依赖于其他企业，那么企业极有可能在两方利益产生冲突，对方收回核心智能技术的使用权时，受到致命性打击。企业能否自主设计产品、研发核心智能技术，成为关乎企业生死存亡的关键因素。

如今掌握核心智能技术的长城汽车，便对这一问题有着深刻体会。曾经，因为缺乏核心智能技术，长城汽车在发展过程中倍受挫折，而这也使其坚定了自立自强、坚持产品自主设计的决心。长城汽车从汽车制造中最为核心的发动机变速器入手，通过数十年坚持不懈的自主研发，现在其发动机技术水平已经能够比肩国际市场最高水平。

10.1.2 重视数据的深度挖掘

作为新一代信息技术的代表，大数据在工业产品的设计研发、制造、服务等环节均已落地，成为当前推动产品数智化转型升级的重要技术。在大数据的浪潮之中，传统企业要把握好大数据的发展动态，重视数据的深度挖掘与应用。

大数据是企业实现智能化的基础。首先，数据的深度挖掘应用，能够使产品设计得到进一步优化。大数据技术能够帮助产品生产部门对原材料供应链进行监控，一旦出现问题，便立即给出提醒，从根源上解决产品质量问题，更好地提升产品质量。

大数据技术还能够实时监控产品生产过程中的零件故障，使工人能够及时更换零件。这一方面保证了产品质量，另一方面降低了生产事故发生的概率，避免不必要的损失。例如，BMW公司深入应用大数据技术，在12周时间内使零件报废率降低了80%，提高了生产效率。

其次，企业可以通过深度挖掘应用数据来进行预测分析，优化产品销售渠道。通过对自身产品销售情况以及消费者消费倾向数据的收集、分析，企业能够及时调整产品生产情况，进行生产方案智能优化，提供最受消费者欢迎的产品。通过对同行业竞争者的分析，企业能够做到"知己知彼，百战不殆"，进一步了解自身在行业中所处的地位、自身产品的劣势以及竞争者的优势，从而更加有针对性地调整自身发展战略。

最后，在为客户提供服务的过程中，深度挖掘应用数据具有积极意义。例如，通过服务数据智能优化产品营销方案，针对特定用户群体进行定向广告推送，实现精准营销；优化会员服务体系，用数据分析来完善产品设计，采纳用户反馈以不断提升服务品质，增强用户黏性；智能优化产品的物流配送流程，利用大数据分析，实现物流数智化，构建实时、公开、透明的产品配送交互平台，提升用户消费体验。

企业要认识到数据深度挖掘应用的重要性与紧迫性，不断提升自身智能科技水平以及数据决策力，活用海量数据来实现科学决策。

10.2 产品的精准设计

数智化技术能够帮助企业建设一体化智慧工厂，对产品生产的每一个环节进行数智化升级，构建起庞大、完善的物联网，实现产品的精准设计。

10.2.1 将传感器、处理器、通信模块等嵌入产品

继计算机与互联网之后，智能物联网成为当前世界信息产业发展的关键。智能物联网技术能够将我们身处的物理世界进行数字化处理，实现物与物之间、人与物之间的互联互通。在产品生产制造领域，智能物联网技术的应用能够提升产品数智化水平。

传感器、处理器、通信模块等传感装置，是物联网智能终端的核心部件。想要实现对物理世界的全面感知，首先要做到对各种物品的位置数据的精准把控，因此企业应通过物联网系统将大量传感设备置入产品中。

在仓储货物过多时，企业应如何快速定位产品和统计产品库存？数智化技术能够轻松解决这一问题。在产品生产过程中，将传感装置嵌入产品中，能够将所有产品置于智能化的物联网中，从而企业可以随时随地了解产品位置信息。精准的产品定位信息，使企业管理者能够轻松查询产品的位置、进行实时监控与快速调度，实现对产品的全面可视化智能管理。

将传感器、处理器、通信模块等传感装置嵌入产品，不仅能够在产品生产过程中帮助工作人员实现产品随时随地的精准定位，还能够使产品实现智能化升级，拓宽产品的应用范围。

来自麻省理工的研究团队，开发了一种将传感器嵌入服装面料的技术，该智能技术赋予这一服装产品监测使用者体温、心率、呼吸等生命体征的功能。该服

装用途十分广泛，不仅能够远程监测使用者的健康状况，还能够监测运动员的身体变化。

该研究团队计划将更多传感装置与纺织技术进一步结合，开发类型更丰富的服装产品，并结合不同种类的传感装置，实现对其他健康指标的监测，如血氧水平等。

该研究团队的研发成果为传感装置与产品的结合提供了可借鉴的新思路。传感装置应用在服装面料中只是一个开始，未来，将会有更丰富的智能产品出现，满足人们更多需求。

10.2.2 对产品进行智能分拣与包装

传统的产品生产流水线往往通过人工作业对产品进行手动分拣与包装，而伴随着技术水平的提高与人力资源成本的上升，加之人工作业的不确定性因素较多，如果流水线上的某个工人无法到岗，那么产品生产环节便难以正常进行，以机器取代人工成为越来越多企业的选择。

传统生产制造企业可以通过部署高精度智能机器人与视觉识别定位系统，将人工智能等数智化技术融入产品生产过程中，用智能机器人完成产品的智能分拣与包装，打造数智化的现代智慧工厂。运行稳定的智能机器人，一方面能够显著提升生产效率，另一方面能够降低人力成本，获得更高的回报率。

坐落于天津市滨海新区的超众机器人科技有限公司，一直致力于智能化高端制造装备的研究，立志为制造企业提供高性价比与高质量的智能自动化解决方案与配套服务。该公司自主研发的智能工业机器人控制系统，具有性能稳定、速度快、精度高的优点，已经在同类产品中达到了国际先进水平。

该公司表示，随着制造企业生产线的不断升级，生产中的大部分环节已经去人工化，但生产线的后端包装仍然对人力资源依赖性较强。若产品生产后端能够实现智能分拣与包装，工厂便能够最大程度上减少对人工的依赖，从而解决当前大多数企业面临的人力成本上升、招工困难且人员流动大的问题。

超众机器人科技有限公司还研发了自动包装系统，该系统通过智能机器人执行工作任务，具有高度灵活性，能够根据不同企业的特点进行调试，实现生产过程的智能自动化、柔性化。此外，该系统还能够帮助企业根据不同订单量进行弹性生产，减少企业的仓储压力，降低市场淡旺季给企业经营带来的不稳定影响。

该企业的智能机器人搭载集成式机器视觉系统，能够自动完成对产品的智能识别、编号以及定位，并及时将信息反馈给控制系统，按照企业的个性化要求完成生产流程后端的自动包装。

10.2.3 精准完成产品出入库与盘点查询

仓储管理是企业生产管理中的重要环节之一。如何实现智能、准确、高效、快速的产品出入库与盘点查询，是企业仓储管理以及衔接其他环节的重要问题。

市场竞争的加剧使产品更具差异化、个性化，产品细分种类不断增多。而传统的产品出入库与盘点方式效率较低，再加之工人在工作中难免出现一些差错，容易造成产品仓储管理出现问题，传统的仓储管理面临巨大挑战。

智能仓储管理解决方案无须工人用纸笔记录，可以通过终端扫描的方式，将产品出入库与盘点过程中产生的数据实时上传，在服务器中进行整理与分析，实现全程数智化盘点。这在提升产品盘点速度的同时，也降低了盘点失误的可能性，提高了仓储管理效率。

此外，产品出入库与盘点环节的智能化，有利于推动一体式智慧工厂的打造，使每一件产品都能实现"来去皆有数据，出入都可查询"。这样就使得管理者能够实时掌握每一件产品所处的位置与状态，使仓储管理工作公开、透明、可控。

许多智能系统都专注于解决产品的出入库与盘点问题，其中 RFID（Radio Frequency Identification，射频识别）电子标签在提高效率、降低成本方面的优势较为明显。

RFID 电子标签通常附着于仓库运送车上，当运送车通过安装于仓库门口的 RFID 电子标签读写器通道门时，智能系统能够在 1 秒钟的时间内快速识别标签，获取出入库的产品信息与数据,如图 10-1 所示。

图 10-1　RFID 电子标签智能系统工作示意图

RFID 电子标签最大的优势之一,就是后期维护成本极低。相较于大部分智能仓库使用的智能系统而言,RFID 电子标签具有表面污染也可识别、使用寿命长、免维护的特点。标签安装完成后,通常后期无须再进行维护。

10.2.4　借助区块链与消费者共享产品信息

区块链是一种去中心化的分布式数据库,具有交易透明、全程留痕、可以追溯、不可篡改等特点。这些特点使其在数据信息共享方面极具优势,能保证信息的公开透明与安全性,并且能够提高信息的传递效率。

产品从生产到销售、从生产商到消费者手中,需要经历许多环节,其中存在的一些问题会给企业和消费者带来损失,例如,供销商以次充好、劣质产品被退回后,仍然进行二次销售等。这些问题不仅会使消费者复购率降低,还会使品牌声誉受损,给消费者和企业的权益都造成侵害。

通过合理运用区块链技术,企业能够与消费者进行产品信息的共享。在区块链技术的助力下,从生产商到消费者的整条产品生产、销售供应链都有迹可循,能够有效防止假冒伪劣产品的出现。同时，由于区块链具有数据不可篡改的特性，已经销售出去的产品的信息将会被永久记录下来，因此能够有效避免低质量产品二次销售事件的发生。区块链的信息共享还能够及时定位产品位置，帮助消费者随时随地了解产品的动向。

与传统的数据共享软件相比，区块链具有明显的不可篡改、去中心化的特征，在数据信息共享方面具有极大优势。区块链的加密算法能够对参与数据共享的不同主体实现权限管理，使数据"可用不可见"，有效避免数据共享过程中可能出现的安全风险，为用户提供强大隐私保护功能的同时，还能够保证传输过程中数据的安全性与准确性。数据在被共享的过程中，还能够上链存证，为未来可能产生的数据权属纠纷提供解决的依据与方案。

区块链技术支持构建数据共享联盟链，实现链上授权、链下共享。数据提供方按照规则将数据信息导入，当使用者想要获取数据信息时，可以通过区块链网络进行查询，然后在链上申请，数据提供方收到申请后进行授权，使用者就能够通过链下的方式获取数据。

区块链技术能够解决数据共享过程中的隐私数据保护、数据交换时效性、身份认证、流通互信、访问权限控制等一系列问题，提高数据可信性，使企业与消费者之间透明、公开的数据共享得以实现。

区块链技术的去中心化数据共享平台，也有利于调动企业与消费者的积极性，使其更乐于共享私有数据信息。这种更加开放的技术平台，能够将企业与消费者等社会主体吸纳到数据共享网络中，使数据共享更加广泛，为社会智能化发展提供助力。

10.3 产品数智化解决方案

在推动产品数智化转型升级的过程中，企业不仅要注重产品的生产环节，还要重视销售环节。产品的营销推广与销售是产品和消费者产生连接的最直接环节，也是企业生产力变现的关键环节。

马克思在《资本论》中提到:"商品到货币是一次惊险的跳跃。如果掉下去,那么摔碎的不仅是商品,而是商品的所有者。"因此,企业必须重视以先进智能技术引领产品销售过程的服务升级,不断提高企业的市场服务能力,努力完成这一次"惊险的跳跃"。

10.3.1 产品智能化、定制化、多样化升级

在消费升级的背景下,人们的消费理念、行为、方式都发生了改变,智能化、个性化、定制化的产品成为主流。为了满足用户不断升级的需求,企业必须快速升级产品,响应市场。

过去,规模化的生产方式非常受欢迎,因为它极大提高了生产效率,很大程度上刺激了各国经济的发展。但是,当社会生产力不断提高以后,人们的需求发生了巨大变化,如何进行多个品种的小批量、智能化、柔性化、定制化、多样化生产成为新时代的热点。

丰田汽车公司以生产成本低、产品质量高的优势提升市场竞争力,适应了时代的要求,为日本汽车制造业的奋起带头示范。直到现在,小批量、智能化、柔性化、定制化、多样化生产仍然是丰田引以为傲的亮点,这个亮点不仅体现在为用户设计专属汽车上,还体现在汽车零部件的个性化上。

如今,德国的很多企业能够掌握一些汽车零部件在整个市场上的供需动态,从而减少车间与车间、工厂与工厂之间不必要的仓储费用。其实这些企业的最大创新之处在于,运用人工智能实现汽车零部件的个性化,根据用户需求为用户设计多样化的产品。

因为每个产品的成本和质量都不同,很难一概而论,所以我们无法知道小批量、智能化、柔性化、定制化、多样化生产究竟能带来多大程度的成本下降和质量提升。不过可以肯定的是,我们能够根据市场的变化形势来调整方案,设计样式更多、外观更有吸引力的产品。

任何一项技术都会在一定程度上引起社会变革，人工智能也不例外。它不仅变革了工业和制造业，也占据了餐饮、出行、影视等各种休闲娱乐板块。人工智能之所以能够呈现出如此强大的生命力，正是因为其不断改造传统领域，并对其进行正向的智能升级。

10.3.2　打造高防伪、易溯源的产品智能数字身份证

产品智能数字身份证，指的是每个产品特有的，包含其原材料、加工、生产、物流等详细信息的"身份证明"。产品智能数字身份证，多以二维码的形式出现，被印刷于产品外包装上，是产品防伪溯源的重要保障。

对于消费者而言，产品智能数字身份证能够有效降低购买到假冒伪劣商品的可能性。消费者只要通过扫码，便能够看到产品的真实信息，从而买得安心，用得放心。例如，当消费者在超市选购奶粉时，使用手机扫描产品罐身的二维码便能够了解到该产品的生产、加工、物流等一系列详细信息。这不仅能够方便消费者进行选购，还能够有效保护消费者的权益。

对于企业来说，产品智能数字身份证为其生产、销售等全过程提供保障。通过二维码溯源，企业能够实时收集产品信息，追溯产品供应链，更好地把控原材料的质量；有效防止假货、窜货的出现，有效维护企业形象；随时了解产品去向，掌握消费者满意情况，更好地为消费者提供服务；提高消费者对产品品牌的忠诚度，最终巩固产品金牌口碑。

当前，产品智能数字身份证应用最广泛的领域，当属农产品销售。许多优质农产品都通过数字农业服务平台的溯源系统，建立了产品智能数字身份证，实现从田间到餐桌的全过程可溯源。企业可以运用大数据、物联网等新技术，实现传统农业生产与信息技术现代化的充分融合，使消费者增强对企业产品与品牌的信任。

"一乡一品"公共服务平台，是推动我国农产品质量安全监管体系建设的重要平台。该平台通过数智化技术，建立农产品"一物一码"数字化追溯体系。每一

批次产品都会由平台生成专属的二维码与唯一编号，确保产品信息的真实透明，使农产品的生产有记录、来源可查询、去向可追踪，有效保障产品的质量安全。

这一公共服务平台还能够帮助各地的农产品企业建立起良好的区域品牌形象，使各地企业因地制宜，打造出具有区域特色的优质品牌。同时，该平台还能够将高标准的种植、加工、生产过程，通过智能数字身份证的方式传递给消费者，使消费者获得更加优质的消费体验。

"一乡一品"智能数字身份证，还具备产品展示、红包抽奖、促进销售、私域运营、报告展示等功能，有效实现产品数智化、品牌视觉化与销售私域化。产品智能数字身份证还将不断升级迭代，以适应农户、企业、消费者越来越高的要求。这不仅能够实现农产品的数智化升级，还能够覆盖更多行业，实现消费市场产品的全面升级。

10.3.3 对产销渠道进行智能管理

产销渠道，即产品的生产与销售渠道。产销渠道能够体现产品从原材料到生产完成的全过程，以及产品从生产商向消费者转移的全路径。企业可以运用数智化技术，对产品的生产与销售渠道进行智能化管理，以数据与技术引导产品供应链的智能升级。

随着新一代智能技术的发展，企业在产销渠道的线上管理与应用服务方面的数智化升级倾向日益明显。依托人工智能、云计算、大数据等先进智能技术，实现高度协同、精准对接的产销渠道管理，成为企业发展主流。

企业可以自主研发或使用第三方智能渠道管理平台，打造自动化、全流程、一站式的产销渠道管理体系，打通供应商、代理商、终端门店等全渠道信息流，实现各渠道的高度智能互联网化。智能管理平台能够帮助企业快速拓展消费市场，锁定客户，加快资金回笼速度，实现全渠道智能化管理的同时，能够使企业保持健康、可持续性发展。

中国大米第一品牌"五常大米"，是首批中欧互认地理标志产品，其产量稀缺，品质高端，享誉全国。2022年9月，五常大米的领军品牌"乔府大院"与阿里资产强强携手，共同打造五常大米产销渠道全智能化管理的全新营销模式。

这次合作，整合了阿里资产的技术优势与乔府大院深耕五常大米20余年的产业优势。物联网、区块链、5G、大数据等数智化技术，将五常大米的生产与销售全渠道纳入智能化管理之中，让消费者能够更加方便地买到纯正的高品质五常大米，充分实现消费者满意、农民增收、产业增值，助力五常大米产业进一步发展。

10.3.4 兆信科技：助力企业实现"一物一码"

传统企业在发展过程中会遇到一些难题，如难以建立能够覆盖产品整个生命周期的数据链，因此便需要向第三方平台寻求帮助。兆信科技便是解决企业数智化转型升级中一系列难题的公司，可助力企业进行产品数智化转型升级，为企业提供防伪溯源系统定制化智能解决方案。

兆信科技开创了电码防伪行业的数字身份管理技术，在20多年的研发中，进一步开创了物流追踪溯源应用，以及企业"一物一码"的整体数字化智能解决方案。兆信科技累计服务企业超过5 000家，合作的经销商、零售商超过10万家，每年数字身份发放量超过150亿个。

兆信科技充分运用移动互联网、大数据、物联网、区块链、5G、AI等新技术，打造基于"一物一码"的全链条数智化解决方案。兆信科技的核心业务为"一码通"，即将一件商品与一个专属二维码对应。二维码就是商品的智能数字身份证，其不仅能够用于查验真伪，还能够实现流程追溯。兆信科技能够为企业提供防伪溯源、智慧管理、营销互动、市场分析、渠道管理等覆盖产品全生命周期的精准智能服务。

对于品牌商来说，"一物一码"系统既是一个庞大的数据处理平台，也是一个产品分析管理平台。兆信科技的"一物一码"包含3大板块，即产品溯源监管、"一码通"私域数字化产品与"一码通"SaaS云平台。这三大板块能够应用于覆盖产品全生命周期与全场景的管理中。

借助"一码通"系统，企业能够根据产品全生命周期产生的海量数据展开 BI（商业智能）分析，实现数据可视化、营销智能化与供应链数智化，进而提升企业流通、生产与经营效率。

以兆信科技服务的乖宝宠物食品集团股份有限公司为例，其不再依赖于传统的人工作业模式，将繁杂、机械化的操作过程交由智能技术处理，依托数智化系统开展业务。"一物一码"贯穿了该企业全供应链，通过与消费者形成连接而构成完美闭环，显著提高了自身的业务水平与市场竞争力。

相较于传统的一个生产批次对应一个码，兆信科技的"一物一码"能够使企业更加清晰明了地掌控每件产品的各个生产环节，使得生产更加精细化，同时，也有利于企业更精准地把握产品销售过程，有助于产品全生命周期质量的明显提升。

第 11 章

生产数智化：智造高质量爆品

> 传统生产技术与数智化技术相互融合，可以促进企业生产效率以及产品质量的提高。生产数智化是各企业迈向智能智造，进行数智化转型升级的核心环节。

11.1 关键点：智能生产全流程

生产数智化的关键在于生产全流程的智能转型升级。在产品生产过程中，任何一个环节都不是单一、孤立的，而是处于工序的联结之中。因此，数智化转型升级并不是某一个环节的单独改进，而是设计、制造、质检、零售以及营销这五大环节的整体性全流程升级。

11.1.1 智能设计：采集数据，发现未被满足的需求

步入新消费时代，产品生产逐渐由"生产者引导型"向"消费者引导型"转变。企业要及时转变生产思维，摒弃一直以来先生产后销售的产业模式，要通过海量数据的收集、挖掘与分析，正确研判消费者需求，并从中挖掘出尚未被满足

的需求，据此进行产品的设计与生产。这样一方面能够使企业占据精准目标市场，提高品牌的市场竞争力；另一方面也能够降低企业设计出的产品销售无门的风险，是企业长期发展与存续的保障。

那么，企业应当如何挖掘那些未被满足的需求呢？大数据的应用能够很好地解决这一问题。

在消费领域中，大数据技术最为成熟的应用场景，便是通过对消费者需求信息的收集，建立清晰、准确的用户画像。通过对消费者在互联网上的浏览历史或者购物时产生的搜索、点击、留存时间以及售后反馈等数据信息进行采集，然后通过智能技术进行整合与分析，企业可以准确把握消费者的需求偏好与类型，从中挖掘出那些未被满足的消费需求。

以房地产巨头万科为例，其在进行消费者行为数据采集的过程中发现，在这个移动互联网不可或缺的时代，许多消费者家中都会或多或少地出现不同房间Wi-Fi信号强度有差别、个别房间难以连接Wi-Fi的情况。基于此，万科便在其开发的楼盘中统一配备Wi-Fi增强系统，以此满足消费者对于移动网络信号的需要。正是这种细节，使万科这个房地产龙头企业始终能够得到消费者的青睐。

11.1.2 智能制造：虚拟智造方案，指导现实生产

为了在竞争激烈的制造业市场中生存与发展，企业必须不断提高生产效率，降低生产成本，以保证企业不被产业升级的浪潮吞噬。产品的快速开发与智造能力，已成为企业在当前市场竞争中获取优势地位的重要因素。

虚拟智造指的是通过运用虚拟现实技术，借助数字建模在计算机上进行产品的模拟智造。虚拟智造能够先于产品的制造环节，通过虚拟现实技术与数字建模模拟出产品的智造过程，甚至产品的全生命周期。

模拟现实技术能够对产品智造环节可能出现的各种问题进行预测，助力企业更加高效地进行产品生产，并且能够有效降低前期设计问题对后期制造环节产生的不良影响，最大程度上避免无效能的生产。可以说，虚拟智造能够优化产品生

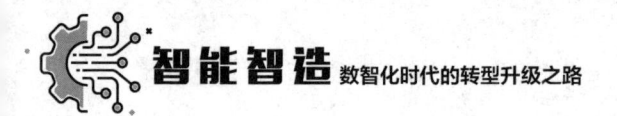

产环节，降低生产成本，实现生产效率最大化。

许多知名企业都在积极应用虚拟智造方案指导现实生产，例如，福特汽车公司便将虚拟智造技术应用于汽车设计与制造环节。该企业的技术组将虚拟现实技术用于汽车的生产制造，使得车辆装配与试行环节都能够在虚拟现实环境中进行，大幅缩短了研发周期并降低了研发成本，增强了企业的市场竞争力。

虚拟现实技术有效协调了产品的智能设计与智能智造，使品牌制造向品牌智造转型升级，进一步提高福特汽车的品牌效益。

11.1.3 智能质检：智能机器人承担质检工作

制造企业的产品生产环节会涉及许多零部件的生产，而这些零部件种类繁多且数量庞大，制造业产品对于零部件的质量有着极为精细化的要求，因此智能质检环节在产品生产过程中有着极为重要的意义。

传统的人工质检方式越来越难以适应当前企业的发展，随着人力成本的不断提高，加之人工质检存在质检速度慢、每个质检员之间存在辨别能力上的主观差异、质检难度逐渐增大等一系列问题，质检环节亟需智能化升级。

在杭州恒逸化纤有限公司的生产车间中，随处可见"智能质检师"的身影。该企业与百度智能云进行深度合作，由百度智能云提供关键技术，在车间内设置智能质检设备，将原来的人工普检转变为由 AI 智能设备进行质检。智能质检设备检验一个产品仅需 2.5 秒，与人工质检相比，效率提高了 70%。

百度智能云结合传统的光学成像技术与人工智能算法，助力杭州恒逸化纤有限公司实现对产品的深度分析，有效解决传统人工质检以及机器质检存在的视觉识别能力不足的弊端。

除了节约人力成本与提升质检效率外，智能质检还通过与大数据技术的融合，将质检过程中的数据信息上传到云端，进行整合与分类存储，实现对生产过程中产品质量的全面监控，为后续生产流程的优化提供有力的数据支撑。

11.1.4 智能零售：用智能技术优化零售

目前，随着越来越多商家的入场，互联网这个庞大的市场已经日趋饱和，传统电商的流量红利正逐渐消失。而线下实体零售一方面面临高额租金的压力，另一方面受到电商零售的强烈冲击，在夹缝中求生存。伴随着移动互联网、大数据、物联网等数智化技术的发展，智能零售行业逐步发展起来。

智能零售是运用各种不同的数智化技术，融合线上与线下销售优势，成本更低、效率更高、消费者体验更好的一种新零售形态。

传统的线下零售店，能够使消费者直接与商品产生连接，消费者在消费过程中能直接获知产品质量好坏。但线下购物效率较低，需要消费者花费较长的时间完成购买行为。而线上电商效率较高，消费者购物更方便快捷，但产品质量难以保障，如果消费者买到不满意的产品，就需要退换货，购物体验较差。

智能零售是零售行业在数智化时代的新发展。智能零售依托于互联网平台与云计算、大数据等技术，智能联结线上线下会员体系以及产品线上线下销售渠道，与消费者建立更加密切的消费关系。

智能零售能够通过智能终端提高销售效率。在移动互联网时代，智能手机逐渐取代电脑成为人们与互联网产生连接的主要入口。第 50 次《中国互联网络发展状况统计报告》显示，截至 2022 年 6 月，我国的网民数量已经达到 10.51 亿，网民每周人均上网时长达到 29.5 小时，其中，使用手机上网的网民比例高达 99.6%。

智能终端的普及，成为智能零售发展的肥沃土壤。广阔的移动互联网就是一个大市场，而数以亿计的网民都是潜在消费者。基于网民上网搜索、浏览、互动等各种行为产生的数据，企业可以运用大数据技术对这些海量信息进行收集与分析，智能精准绘制用户画像，对消费者进行进一步细分，从而为不同消费偏好的消费者提供更能满足其需求的智能产品与服务。

大数据技术的应用有利于企业进行更加精准的智慧营销。企业能够通过智能手机上的 App、网站等，在互联网触达消费者的每一个渠道为消费者精准推送商

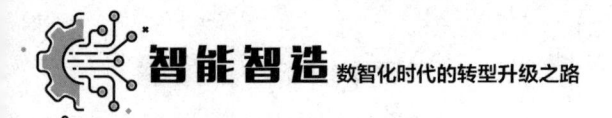

品广告，获得更好的营销效果。

智能零售有利于提升消费者的消费体验。传统零售向着智能零售转型升级，其中最重要的就是销售思维的转变，即由传统的"货、场、人"转向"人、货、场"。在智能零售时代，企业要通过新技术深入挖掘消费者的需求，根据消费者需求，生产适销对路的优质产品。

智能零售联结线上线下会员体系，优惠券、积分、特殊奖品等会员权益，在提升用户的品牌黏性与忠诚度的同时，使消费者能够享受更多优惠。此外，线上线下会员体系的联结有利于消费者自由选择购物方式，获得更优质的消费服务体验。

大数据、移动互联网、5G、云计算等数智化技术，推动智能零售不断发展，在当前零售行业中占据重要地位。

提供各种各样商品的自动贩卖机、手机下单30分钟内必送达的盒马鲜生App、自助取货付款的24小时便利店等，都是智能零售的具体表现形式。随着数智技术进一步发展与消费要求升级，智能零售已成为零售行业发展的必然趋势。

11.1.5 智能营销：元宇宙的全景虚拟营销

元宇宙就是利用数字孪生、网络运算、人工智能、区块链、物联网、空间交互等技术进行连接与创造，与现实世界实现交互与映射的虚拟世界，是一个具备社会体系的新型数字生活空间。元宇宙是一个将现实世界虚拟化、数字化的技术集合。

从发展趋势来看，元宇宙将成为未来人人都会参与的数字新世界；从用户体验来看，元宇宙允许人们短暂脱离现实，获得虚实融合的新奇体验；从虚拟空间的发展来看，元宇宙是当前互联网环境的进一步升级。对于企业与品牌来说，元宇宙为品牌营销提供了新阵地，助力品牌探索更多营销模式，实现品牌价值最大化。

传统营销方式存在用户参与度不足、互动性差、体验方式单一等局限性，元宇宙的全景虚拟营销能够为企业提供高度仿真的营销场景，解锁各种营销新方法，满足用户各种个性化需求。

2022年"双十一"期间，天猫品牌携手 adidas neo、NARS、百事、乐高、泡泡玛特、外星人、小鹏、小米 8 大品牌，通过虚拟技术，引领消费者进入元宇宙这一虚拟世界，共同为消费者打造了一场"天猫双十一超级展"。

这一场营销展会，为每一个超级品牌打造了最符合其特色的 3D 沉浸式虚拟空间，消费者可以自由选择不同的主题场景，参观不同品牌的超级尖货，同时还能够参与挑战游戏，赢取抽奖机会，抽取限量版数字藏品。

整场活动将虚拟世界与品牌营销有机结合起来，为消费者打造了一个充满想象力的虚拟世界，使消费者能够在沉浸式、数字化的虚拟空间中购物。借助这一营销场景，这些品牌实现了用户规模、曝光度、行业影响力等的全面提升。

对于品牌来说，元宇宙时代的虚拟营销能够在最短时间内制造较大的品牌声量，打造特色鲜明的品牌形象，提升品牌的销售转化率。从长期发展的视角来看，元宇宙营销能够助力品牌为消费者提供个性化的客制式服务，这样有助于品牌与消费者之间形成更加紧密的连接，提升消费者的品牌黏性。

元宇宙时代已经来临，社会各界对于元宇宙的探索不断深入。企业必须积极拥抱元宇宙带来的变化，在元宇宙的虚拟世界中，创新自己的智能营销模式，抢占发展先机。

11.1.6 百度质检云：智能化产品质检

在日趋激烈的市场竞争中，产品质量的好坏会影响到企业的利益与信誉，因此，产品出厂前的质检必不可少。传统质检环节主要由人工完成，存在以下两点缺陷：

（1）当质检人员出现粗心、操作失误、走神等情况时，很可能会导致产品漏检、误检，甚至二次损伤；

（2）在炼钢工厂、炼铁工厂等特殊行业场景中，质检人员的安全难以保障，

可能会在工作中受伤。

如果用智能质检设备进行质检，则可以弥补上述缺陷，同时还可以让质检变得更加迅速和统一。在这种情况下，越来越多的智能质检设备开始出现。百度质检云就是其中比较有代表性的产品。

百度质检云基于百度 AI、大数据、云计算技术，深度融合了机器视觉、深度学习等技术，不仅识别率、准确率高，而且易于部署和升级。百度质检云还具有一项非常出色的智能创新，即省去了需要质检人员干预的环节。

除了产品质检以外，百度质检云还具有产品分类的功能。

针对产品质检，百度质检云可以通过多层神经网络的训练，来检测产品外观缺陷的形状、大小、位置等，还可以将同一产品上的多个外观缺陷进行分类识别。针对产品分类，百度质检云可以基于 AI 技术为相似产品建立预测模型，从而实现精准分类。

从技术层面来看，百度质检云一共具有以下 3 大优势，如图 11-1 所示。

图 11-1　百度质检云的 3 大优势

1. 机器视觉

百度质检云基于百度多年的技术积累，实现了对智能智造的全面赋能。与传统视觉技术相比，机器视觉消除了无法识别不规则缺陷的弊病，识别准确率甚高，已经超过了 99%。而且，这一识别准确率还会随着数据量的增加而不断提高。

2. 大数据生态

只要是百度质检云输出的产品质量数据，就可以直接融入百度大数据平台。这不仅有利于用户更好地掌握产品质量数据，还有利于让这些数据成为优化产品、完善智能智造流程的依据。

3. 产品专属模型

百度质检云可以提供深度学习能力的培训服务。在预制模型的基础上，用户可以自行对模型进行优化或拓展，并根据具体的应用场景打造出一个专属的私有模型，从而使质检、分类效率大幅度提升。

质检云适用于很多工厂，如需要大量质检人员的屏幕生产工厂、LED 芯片工厂、炼钢工厂、炼铁工厂、玻璃制造工厂等。综合来看，百度质检云适用的场景包括以下几类。

（1）光伏 EL（electroluminescence，电致发光）质检：百度质检云可以识别出数十种光伏 EL 的缺陷，如隐裂、单晶/多晶暗域、黑角、黑边等。AI 使缺陷分类准确率有了很大提升。

（2）LED（Light Emitting Diode，发光二极管）芯片质检：百度质检云通过深度学习对 LED 芯片缺陷的识别及分类，使得质检的效率和准确率都有了很大提升。

（3）汽车零件质检：百度质检云可以对车载关键零部件进行质检，而且支持多种机器视觉质检方式，加快了质检的速度。

（4）液晶屏幕质检：百度质检云可以根据液晶屏幕外围的电路，设计并优化预测模型，大幅度提升了产品合格率，降低了召回率。

工业是我国现代化进程的命脉，也是发展前沿技术的基础。百度质检云在推动企业降本增效、提升企业竞争力等方面具有很大作用。在 AI 技术的助力下，百度质检云让制造企业走向了智能化、自动化、数字化。

11.1.7 沙河特曲：BC端一体化的智能零售

在安徽省白酒行业的发展史中，沙河酒业留下了浓墨重彩的一笔。20世纪90年代中期，沙河酒业连续多年的销售额突破10亿元，在安徽省整个白酒行业中位居前三名。其中，沙河特曲一度成为安徽白酒的典型代表。发展至今，沙河酒业正在积极探索新的智能零售模式，这样才能在不断变化的市场中继续站稳脚跟。

2022年，沙河酒业携手北京链一链网络科技有限公司，打造了"3×3新零售模式"。这一新零售模式重新定义厂商店职能，借助数智化技术赋能的产品供应链，以沙河特曲的升级为抓手，实现BC端一体化的新智能零售。

沙河特曲BC端一体化的关键，在于通过商品生产商的B端引入客户C端，与客户形成更为紧密的连接，通过更加精准、个性化的营销，盘活客户群体私域流量，从而吸引更多核心消费者，挖掘更多消费需求。

沙河酒业通过与自身合作的经销商店铺挖掘大C，即对沙河特曲兴趣浓厚且具有一定影响力的核心消费者，将大C通过福利群的形式连接起来，给他们每人赠送两瓶沙河特曲，号召他们通过拍视频、拉酒友进群等方式，将沙河特曲宣传出去，这样便激活了客户群的私域流量，为后期客户圈层的社群运营打好了基础。福利群建设完成后，链一链云店小程序就会为客户提供一系列优惠活动，进一步提高消费者的品牌忠诚度。

传统的营销模式往往难以有效触达C端，企业资源更多流向了渠道经销商与线下零售店。这种BC端一体化的新零售模式，通过直接引入大C，撬动C端杠杆，挖掘出更多消费需求，为沙河酒业这种老牌企业从传统零售向智能零售转型升级，提供了一条可行的营销路径。

11.2 升级智能智造设备

生产设备的升级，是企业提高劳动生产率、获取更大的经济效益的重要保障。

先进的智能智造设备是制造企业进行产品生产升级的物质基础，引入 IT 系统、打造智能工业互联网平台、建造互联互通的智造单元，都是企业进行智能智造设备升级的重要手段。

11.2.1 引入 IT 系统：智能智造升级

互联网时代，每个企业都在积极进行信息化、智能自动化建设。若企业能够充分发挥 IT 技术优势，将 IT 系统与自身业务融合，通过 IT 平台整合企业各部门资源，便能够为自身发展注入智能创新活力。

传统的产品生产环节信息化水平较低，只通过人工书写对数据信息进行记录。再加上没有统一的生产管理系统，因此常常会出现产品加工信息与质量信息缺失、原料库存管理混乱、无法实时跟踪生产情况、无法及时解决生产环节出现意外的情况等问题，严重影响企业生产效率的提升。

随着 IT 技术的发展，将精细化 IT 系统引入企业生产管理过程中，能够使企业以 IT 系统为载体，将精细化管理思维通过软件系统综合应用到整个生产环节。

IT 系统运作的核心原则，在于通过智能化技术为用户提供更加高效的服务。IT 系统能够为企业的产品生产过程提供一个集成化信息服务平台，从而帮助企业从粗放式生产管理向精细化、数智化生产管理转型升级。

首先，IT 系统能够为企业提供现代化管理的工具，促进企业信息化、智能化建设。不仅是生产环节需要引入 IT 系统以实现精细化生产，企业其他部门的运作也需要 IT 系统的支撑。智能化技术能够将企业常规业务转移到线上，极大地减少了人力资源损耗和时间损耗。同时，智能化办公也具有更加精准、工作留痕的优势，能够提升整个企业的工作质量和工作效率。

其次，IT 系统能够使企业各部门之间实现智能互联、同步协作，并且信息传达、沟通更加畅通，各部门之间权责划分更加清楚。IT 系统能最大程度上缩短沟通时间、提高沟通效率，工作过程更加公开透明，有效防止出现问题时不同部门之间互相推卸责任的情况。

再次，IT系统能够为决策提供数据支撑，进一步提升组织执行力。IT系统能够记录产品在智能智造生产过程中产生的相关数据信息并对其进行整合，在数智化时代，数据资源已经成为各企业发展过程中的宝贵资产。IT系统有利于帮助企业积累数据资产，在企业需要做出决策时提供数据参考，提高决策的正确性、科学性。

最后，IT系统能够提升企业智能智造生产效率。引入信息化、智能化技术是企业提高生产效率的首要手段。身处数智化转型升级时代，企业不可墨守成规，应积极转型升级，这样才不会由于效率低下而被市场淘汰。

11.2.2 打造智能智造工业互联网平台

智能智造工业互联网平台，就是面向制造企业数智化升级需求，在海量数据的采集与整合分析的基础上，构建起的能够实现制造资源高效配置与按需供给的工业云平台。在制造企业转型升级的过程中，智能智造工业互联网平台能够推动制造企业高质量发展，提高企业创新能力。

智能智造工业互联网平台体现了工业革命与信息技术革命成果的综合应用，利用技术手段将分散的制造环节衔接起来，同步协作，将众多资源进行有效整合、合理分配，从而能够更加高效地挖掘出其中的商业价值。

智能智造工业互联网平台能够为我国制造企业向云制造、协同制造、智能制造等方向转型升级提供数据支撑。在工业生产环节中，智能智造工业互联网平台能够将生产车间与流水线上的所有生产设备连接起来，高效采集设备数据、原材料数据与质量数据等在生产过程中实时产生的生产数据。同时，智能智造工业互联网平台通过数字建模技术对收集到的生产数据进行整合分析，并实时反馈，从而找出生产过程中出现的问题以及可优化的环节，自主学习、自主调整，实现对产品生产流程与质量监测等方面的综合优化。

在生产资源配置环节，智能智造工业互联网平台能够对产品原材料的物料数据与订单数据等进行综合分析，以此提供在采购与设计环节中资源配置的最优方案,实现全过程协同设计与协同生产,有效降低企业生产成本。

11.2.3 形成智能、互联的完善智造单元

当前许多制造企业的大量生产设备还都是未经过智能化升级的传统生产设备,而随着信息技术的发展与效率提升的需求日益旺盛,如何在保护现有资产的基础上实现智能智造转型升级,成为各企业需要考虑的问题。智造单元便是运用模块化思想以实现智慧工厂阶段性落地的一种工业实践。

智造单元着眼于智慧工厂的基本工作单元,能够针对制造企业的生产现场,将功能相近的智能设备或者辅助设备进行模块化与集成化,实现对智慧工厂生产环节中各设备的自动化、信息化管理。

智慧工厂的高效率运转,要求各个基本工作单元实现信息智能化管理,而智造单元能够实现这一目的。在智造单元这一数字工厂实践下,制造企业生产车间中的每一个工作单元都能够独立运行,而智造单元则能够将这些智能智造设备串联起来,实现对整个生产过程的智能闭环管理。

智造单元能够帮助制造企业迅速搭建智慧工厂,是整个智造生态中的一个"细胞"。完善且互联互通的智造单元,能够为生产环节中出现的各种问题提供精准的智能解决方案;能够为企业数智化转型升级提供缓冲期,兼容企业现有的设备,实现多代设备在"同堂"环境下的智能智造;能够推动行业内工业大数据的进一步发展。

11.2.4 蒙牛:建立智能质量管理体系

作为乳品行业的领军品牌,长期以来,蒙牛始终秉承着"质量是最大的正直"的品质初心,坚持自身对产品质量的高标准与严要求。

近年来,蒙牛以数智化技术引领自身产业升级,通过建立覆盖产业链全流程的智能质量管理体系,不断提升自身质量管理水平,从奶牛养殖到产品的研发、生产、质检、销售,实现了对产品全生命周期的智能精准管控。

蒙牛打造数字化智慧工厂，实现了原材料检测与生产决策全过程的可视化与智能化管理，严格筛选符合生产标准的原材料，做好产品生产过程的质量把控。蒙牛通过相关数据的自动采集与分析预警、生产过程的智能自动化控制、质量问题的及时智能追溯等质量管理手段，推动生产端各环节更加透明化与高效化。

蒙牛利用物联网技术，实现对产品运输、销售等环节的远程在线管理，整体把控运输流程，在调度中心智能调配运力，使产品能够更加快速地抵达各大商超与经销商处，最大程度上保证了产品的新鲜度。

蒙牛坚持以消费者为核心，坚守质量为上的企业初心，汇聚全球的优质资源，为更多消费者提供更加优质的乳制品。

11.3 智能智造的转型升级与创新

企业想要实现生产数智化转型升级，首先需要实现生产环节、生产设备、生产方式的智能化创新。在数智化时代，以用户价值为核心的自动化生产、网络智能化协同工作，以及柔性化生产等是生产方式转型升级的有效途径，是企业提高生产效率、提高数智化水平的重要方式。

11.3.1 以用户价值为核心，进行自动化智造

生产方式的智能化创新，要求企业始终坚持以用户价值为核心，以用户需求为产品设计、生产智造的根本。

在新消费时代，消费者越来越倾向于购买高品质、个性化、性价比高的产品。消费需求的升级，要求各企业积极进行生产方式的智能升级。消费者有什么需求，企业就应该进行哪些方面的研发、生产。

当消费者的需求指向基础生活用品时，企业应该进行大批量、规模化生产；而当消费需求转向更高品质、更个性化、性价比高的产品时，企业便需要对生产方式进行智造升级，以数智化技术引领更加智能化、精细化的生产。

从市场层面来看，从最开始的价格竞争到产品迭代与科技水平竞争，再到消费升级带来的竞争，市场竞争趋势的变化表明消费者已经不再满足于基础生活需求，而是追求更高层次的需求。企业唯有通过对自身产品以及生产方式进行数智化升级，才能在激烈的市场竞争中立于不败之地。

随着时代发展，制造业的劳动力供给数量有所减少，制造企业想要在市场竞争中保持优势，就需要引进智能自动化技术，这是制造企业在数智化时代实现智能创新发展的必由之路。

制造业的智能自动化生产，不仅能够降低传统生产方式对劳动力的依赖，还能够提高生产效率与生产效能，从而进一步缩短产品生产周期，为企业研发智能新产品、及时满足市场需求，提供强大助力。智能自动化生产还能够实现机器自主学习，有效避免人工作业出现的误差，保证产品质量良率，提高产品质量。

企业进行产品的智能自动化生产，要始终坚持以用户价值为核心，充分满足用户的消费需求，使产品供需均衡。

11.3.2 网络智能化协同工作

网络智能化协同工作是一种融合了企业管理、供应链管理、生产制造等环节的先进智能智造模式。网络智能化协同工作模式最重要的价值是，可以将分散在各个地区的生产资源、技术资源、管理资源等通过统一的平台集聚起来，从而使企业以更低的成本，实现更高质量的生产制造。

网络智能化协同工作模式具有多平台、开放式、互联互通的特点，能够及时、灵活地满足用户多变的需求，使得企业的产品制造更具敏捷性，能够显著提升企业应对市场变化的能力。

东风商用车有限公司积极运用网络智能化协同工作模式，基于工业互联网，打造"AR+5G远程协作平台"，发挥网络智能化协同工作的优势。

在数智化时代，由于智能智造转型升级的需要，以及车辆研发与售后服务环节存在的一系列问题，东风商用车对于网络智能化协同工作的模式有着极大需求。

针对东风商用车的个性化需求，浪潮云洲推出定制化"AR+5G 远程协作平台"，利用先进的 AR 技术助力东风商用车实现远程协作。同时，借助高速率、低时延的 5G 通信技术，这一方案将东风商用车企业的数据、技术、设备等资源汇聚起来，为企业实现网络智能化协同工作提供基础支持。

该平台的运行依托于头戴式智能眼镜设备，使技术专家能够对现场工作进行远程指导。同时，现场工作人员还能够实现全程语音控制，且文档查看、视频录制等功能能够完整记录现场工作的数据信息，保证操作数据的完整性、及时性与真实性。

"AR+5G 远程协作平台"使东风商用车的网络智能化协同工作能力得到全面提升，实现生产方式的全面数智化智造升级。

网络智能化协同工作模式受到越来越多企业的重视，其便利、高效的优点使其成为众多企业进行智能智造转型升级与创新的不二选择。

11.3.3 柔性化生产的数智化智能智造

传统的制造企业以单一品种产品的大批量生产为主，企业创新能力不足，应对市场变化的能力弱。这种传统的粗放型生产方式必须升级，而柔性化生产成为制造企业智能智造升级的重要方向。柔性化生产，是企业为提高自身适应市场多变需求和激烈竞争的能力，在柔性制造的基础上以市场需求为导向进行按需生产的一种先进生产方式。

企业进行柔性化生产的关键在于，掌握大数据、云计算、人工智能与 5G 等数智化技术，根据市场需求的变化调整自身的智造方式。

在汽车行业中，柔性化生产体现在很多方面。例如，借助数智化技术升级自身的智造生产线，提高同一条生产线生产不同颜色、款式产品的智造能力；通过大数据技术收集、分析市场消费数据，根据市场需求调整智能智造方式与规模等。

某汽轮机股份有限公司已经建立一整套基于互联网技术的供应链智能管理体系，所有零部件、原材料的生产信息、采购信息、物料管理等都实现了数字化智能管理。该体系将原本需要花费四五天时间进行周转的项目，压缩到仅需几分钟，大大提升了企业的智造与管理效率。该智能管理体系在缩短产品生产周期的同时，使企业应对市场客户需求变化的能力得到提升。

该企业从客户的具体需求出发，进行订单式生产，为客户提供智能化、个性化定制服务。在产品组装过程中，针对较小型的汽轮机，该企业的生产车间实现了撬装化快装，像搭积木一样组装产品，如图11-2所示。这大幅降低了人力、物力成本，提升了产品的市场竞争力。

图 11-2 某汽轮机企业生产车间产品组装情况

数智化技术为制造企业供应链管理赋能，助力企业实现柔性化生产，促进企业智能智造的升级与创新，加快推动企业生产数智化转型升级。

11.3.4 ChatGPT 赋能生产数智化

作为一款 AI 自然语言处理工具，ChatGPT 获得了广泛关注。ChatGPT 是 OpenAI 人工智能研究实验室研发的，在先进的人工智能技术的驱动下，ChatGPT 能够模仿、学习并理解人类语言，像人类一样对话。它被称为"当前市面上最优秀的对话式 AI"，拥有强大的人机交互能力。

ChatGPT 的能力来自其利用海量的文本数据进行训练，它还应用了一种名为

"转换器"的算法。该算法基于一种能够模仿人类大脑工作模式的计算机程序，能够识别、理解并分析大量数据，在分析结论的基础上生成与人类对话高度相似的文本。

目前，虽然 ChatGPT 还没正式进入工业智造领域，但未来，ChatGPT 将会改变人们获取信息的方式，高效、快速地解决工业难题，全面赋能工业生产数智化。

在工业生产场景中应用 ChatGPT，工厂中的新员工无须花费大量时间学习生产经验，开展产品质量评估、生产设备保养等工作时，也无须阅读繁杂、冗长的报表或指导手册。作为工业 AI 助手，ChatGPT 能够很好地解决此类工业场景中的复杂问题。工人仅需将问题上传到 ChatGPT 中，解决方案便会自动生成，节省了大量人力、物力、时间成本。

ChatGPT 对生产数智化的赋能还体现在，数字化、信息化建设越成熟的企业，越能通过 ChatGPT 提高生产效率。因为 ChatGPT 是一个集成化、一体化的信息处理工具，在应用过程中，工人无须频繁切换各个智能设备，利用 ChatGPT 就能随时查阅各种数据信息并进行各种操作。

此外，在工业智造领域中，ChatGPT 在许多场景中将会得到应用，如数据分析、语言翻译、知识科普、生成文件、提供经验参考等。ChatGPT 知识面宽广，其对于工业场景中相关问题的回答能够拓展工作人员的思路，给他们的实际工作提供指导。

为了实现在工业场景中的灵活应用，ChatGPT 还需要持续优化与深度学习，这样才能够为使用者提供更加智能化、专业化的帮助。

第 12 章

管理数智化：让管理体系更高效

> 在数智化转型升级的背景下，全球企业面临数智化浪潮带来的新挑战与新机遇。新常态下，企业管理将融入更多智能化技术，在供应链管理、订单管理、资源管理方面释放新动能，打造更高效的管理体系。

12.1 数智化时代的供应链管理

企业的利润与采购成本息息相关，采购成本越低，利润就越高。供应链管理的数智化转型升级对于降低采购成本、提高采购效率有着积极意义。基于大数据、物联网等技术打造数智化供应链，是采购实现智能化、自动化的基础。

12.1.1 采购的智能化转型升级

随着企业管理的智能化水平不断提高，越来越多的企业开始将智能化转型的目光投向采购部门。

制造业具有设备投资占比大、产品生产周期长的特点，在发展过程中，资金的周转问题需要引起制造企业重视。由于前期成本投入大多发生在采购环节，而且大多数企业在采购环节中面临流程冗长、供应商发货速度慢等问题，因此，企业亟须对采购环节进行智能化转型升级。

采购的智能化转型升级，指的是企业通过运用云计算、大数据以及流程自动化等技术，实现传统供应链中采购环节的数智化转型升级。采购的智能化转型升级能够打破采购与产业链中相邻环节的原有壁垒，赋能产业链管理，驱动行业变革。

采购环节的智能化管理，能够最大程度上整合传统供应商以及对接外部电商平台资源，使企业员工能够以C端的消费习惯完成B端的原料采购，使采购环节更加智能化。在采购过程中，企业管理者能够运用智能采购管理系统对整个流程进行监控与分析，更好地把控采购决策，更合理地控制采购成本。

采购环节的智能化管理，能够为企业带来更加多维的服务能力以及更为丰厚的采购效益。其价值主要体现在节约采购成本、提升企业综合管理能力与经营效益上。

采购环节的智能化管理还能够为企业构建一站式资源库，通过数智化技术对原材料价格、供应商等进行评估筛选，智能分析合同的条款，自动进行风险评估。

小米是一家专注于电子产品与智能硬件研发、智能家居生态链建设的公司。小米在发展过程中始终坚持"技术为本"的战略，不断打造专属的技术创新体系，坚定不移地推进自身的数智化转型升级。

在高速发展的同时，小米的供应链也越来越复杂，传统的依靠人力进行采购的方式已经不再适用。于是，小米集团启动了"易购"数智化采购支出管理项目，通过与支出宝合作，构建柔性的数智化采购管理体系。

该数智化采购管理体系基于支出宝采购管理SaaS系统架构的优秀拓展性及开放性，无缝对接小米内部ERP、OA、财务等管理系统，实现了小米间接采购从需求到寻源到订单再到结算的全流程线上化管理，大幅提高了小米集团的采购效率及合规性，降低了运营和管理成本，全面助力小米供应链管理数字化转型升级。

12.1.2 用数智化方法管理供应商

随着采购智能化、自动化程度不断加深，管理供应商的方法也发生了变化。作为供应链中的重要一环，供应商管理存在许多痛点，如效率低下、供需对接不精准、难以保证合规性、组织协同性差、历史难以追溯等。利用大数据、云计算等数智化技术，依托强大的云端协作平台，企业能够实现供应商管理的数智化转型升级。用数智化方法管理供应商具有诸多好处，具体如下。

首先，数智化方法能够完善企业的历史供应链采购数据库，能够对历次采购信息、供应商信息、价格等数据进行收集整理并上传云端，同时也能够使每一次采购行为留痕，可以随时追溯采购历史。通过大数据、云计算等技术对成本进行预测，能够为决策者提供可靠的预测数据，优化对供应商的选择。

其次，数智化方法能够为企业提供强大的网络协作平台，帮助企业挖掘更加优质、可靠的供应商资源。通过智能分析与预测，企业能够明确所选择的供应商是否可靠、是否具有创新能力等，从而保证供应的稳定性。

例如，企业能够通过运用 Ariba 的商业网络，与全球超过 250 万个供应商进行连接。应用人工智能、数据挖掘等技术，并结合来自第三方的数据资源，企业可以根据不同商品的汇率、关税、运输等要素，自动计算不同供应商之间的成本差异，在全球市场中寻找"最优解"。

再次，通过应用认知计算与人工智能技术，数智化方法还能够建立起可预测的供应商协作模式，对企业与供应商之间的谈判场景进行智能预测，帮助企业分析出最优签约价格，从而削减采购成本、控制谈判风险，确保企业与供应商之间合作的顺利开展。

最后，达成合作后，企业还能够通过供应商分级、考评等方法，根据提前制定好的标准，定期对供应商进行绩效考评，以考查供应商的供货质量与效率，对供应商实行分级管理。

运用数智化方法对供应商进行管理，是企业降低采购成本、提高采购效率、

增加利润的有效手段。

12.1.3 智能化管理库存

库存管理是企业生产经营管理的关键环节。智能化库存管理是一种新的库存管理理念，通过运用人工智能、物联网等数智化技术，实现智慧仓储，提高企业运营效率，降低库存成本，提升仓储能力。

智能化库存管理能够保证货物在库存管理的各个环节中数据录入的准确性与速度，企业能够及时准确地掌握仓库中所有货物的真实数据，随时对库存进行合理控制。企业还能够通过科学的编码，对货物的保质期、批次等进行统一管理，有利于提高库存管理的效率。

很多企业仓库中的货品种类复杂、形态各异，而且库存作业流程十分复杂，既有存储、移动，又有分拣、组合等，而智能化库存管理对于提升仓储作业效率有着极大的积极影响。

智能化库存管理运用到的技术众多，如物联网技术、自动控制技术、人工智能技术、移动计算技术、智能信息管理技术等。在实现了智能化库存管理的仓库中，随处可见无人车作业，如图 12-1 所示。

图 12-1 无人车在仓库中工作

除了能够对物资数据进行全面管理外,智能化库存管理还有一些其他作用。例如,能够支持多人在不同地点同时进行货物盘点与出入库记账,实现透明化、可视化的动态盘点;能够展示各个时段的历史库存状况,方便货物的清查;能够设置一个固定额度,对货物进行定额管理;能够实现从货物入库到出库到报废的全生命周期管理。

智能化库存管理还有许多作用,需要各企业在实践中不断探索、完善,逐步建立起最符合自身实际发展情况的智能化库存管理系统。

在智能化库存管理方面,京东进行了许多尝试。京东是一家以电商为核心业务的企业,拥有完善的物流管理体系,在智慧仓储方面进行了积极布局,如京东无人仓。

无人仓可以大幅缩短打包产品的时间,从而提高物流的整体效率。在京东的无人仓中,发挥强大作用的智能机器人一共有3种。

(1)搬运机器人。搬运机器人体积比较大,重约100千克,负载量约300千克,行进速度约2米/秒,主要职责是搬运大型货架。搬运机器人使搬运工作简单了很多,所需时间短了很多。

(2)小型穿梭车。在京东的无人仓中,除了搬运机器人,小型穿梭车也发挥了重要作用。小型穿梭车的主要工作是搬起周转箱,然后将其送到货架尽头的暂存区。而货架外侧的提升机则会在第一时间把暂存区的周转箱转移到下方的输送线上。借助小型穿梭车,京东无人仓货架的吞吐量已经达到了1 600箱/小时。

(3)拣选机器人。小型穿梭车完成自己的工作以后,拣选机器人就出场了。京东的拣选机器人配有先进的3D视觉系统,可以从周转箱中对消费者需要的产品进行精准识别。通过工作端的吸盘,周转箱可以接收到转移过来的产品。相关数据显示,与人工拣选相比,拣选机器人的拣选速度要快4~5倍。

智慧仓储完善了京东的物流体系,提升了京东物流的整体效率。在行业内,京东率先实现了几乎所有自营产品当日送达的目标,这是其很大的一个优势,也是其与其他企业进行竞争的有力武器。

12.1.4 制定智能运输解决方案

随着企业供应链数智化转型升级程度不断加深,货物运输也亟待实现智能化。通过运用物联网、云计算、人工智能等技术,制定专业化、智能化的运输解决方案,提高运输效率,降低运输成本,推动智能化的物流运输体系建设,成为越来越多企业的目标。

智能运输解决方案能够帮助企业建立自动化的物流运输配送中心,实现局域内运输作业的智能控制与自动化操作,逐渐形成综合性的智能运输系统。

对于企业来说,智能运输解决方案能够降低物流成本,提高利润。下面以煤炭企业为例,讲述数智化技术对煤炭物流运输的赋能。

运输过程在煤炭企业整个产品流通周期中占有重要地位,煤炭物流运输的数智化转型升级是煤炭企业数智化转型升级的重要环节。

通过5G、大数据、云计算、人工智能、物联网等技术,构建起线上线下一体化的服务模式,能够实现跨企业的物流运输生态通路,实现公路、铁路多式联运。

智能运输解决方案能够做到煤炭运输全流程智能化管理,对于运输过程中各种交通工具的各个节点状态实时自动监控;能够通过大数据分析进行运力配置的合理优化,使现有运力实现最大程度运转,促进煤炭运输业务有序发展;通过运用精准定位系统,能够随时掌握运输过程的最新动态,保障运输过程安全;能够打通线上线下管理系统,实现运单的全程数字化管理,形成闭环。

煤炭企业制定智能运输解决方案的积极作用不止于此。随着 AIoT 等技术的进一步深化发展与推广应用,煤炭企业的物流运输智能化进程将进一步加快。

从原材料采购、产品销售,再到智能调度、智能质检、流向管控等,数智化技术能够帮助企业实现全链条、多层级的综合物流运输闭环管理,实现全链路贯通。这在全力提升物流运输效率的同时,也能够降低运输中产生的人力、物力成本,进一步提升企业的利润。

12.1.5 无人配送：打通供应链末端闭环

物流配送是供应链中的重要一环，也是提升供应链运转效率的关键。随着自动驾驶、无人配送等技术的发展，无人配送商业化场景持续落地。无人配送机器人有效解决了物流人手不足、运营成本高的难题，打通供应链末端闭环。

无人配送机器人融合了物联网、人工智能、大数据等技术，可以承受 200 千克左右的重量，还可以根据收货人的地址和具体环境自动规划出一条合适的配送线路。无人配送机器人会向收货人发送一条信息，信息中包含无人配送机器人到达的时间与地点，邀请收货人前来取件。若收货人不方便取件，可以通过指定的 App 拒绝派送，无人配送机器人会为收货人规划下一次配送时间，并且再次进行邀请。在机器人到达目的地时，它会向收货人发送取件码，收货人可以通过取件码领取快递。

无人配送机器人在配送过程中是相对稳定与安全的，它的"身上"安装了传感器，可以全面感知周围的环境，自动躲避障碍物。此外，无人配送机器人自带的增减速切换功能十分敏捷，不会对人们的出行造成影响。为了让无人配送机器人在最短的时间内熟悉周围的环境，研发人员制作了数字地图，并将其导入无人配送机器人体内，保证无人配送机器人能尽快熟悉配送路线。每天工作任务完成后，无人配送机器人会自动前往指定地点充电，为第二天正常工作提供保障。

起初，这种机器人搭载激光传感器，后来搭载的是视觉传感器。无人配送机器人正在加速迭代，不仅配送地点增多，工作时间增加，工作环境也从半封闭发展到开放状态。

随着智能技术的不断发展，机器人已经应用于很多领域，物流只是其中之一。无人配送机器人可以提高物流效率，降低物流成本，能够催生快速、便捷的网络购物新模式。

12.1.6 金蝶：数智化供应链变身创新引擎

经过多年发展，广州顺丰速运有限公司已成为快递物流服务领域的领军企业。

顺丰有着庞大的用户群体以及完善的供应链体系，为了促进供应链的高速运转，顺丰始终坚持推进企业的数智化转型升级，以数智化技术赋能企业运营，实现供应链的全面高效协同管理。2021年，顺丰携手金蝶软件有限公司打造更加高效便捷的数字供应链体系。

在发展过程中，金蝶积累了十分丰富的行业化场景和众多有效解决方案，而这也正是顺丰选择与金蝶展开合作的重要基础。两个企业通过这次合作，创造性地提出了"LaaS"（Logistics as a Service，物流即服务）的概念。这一概念的目标是将所有的物流服务数字化，从而使物流服务变成可电子调用、可随时嵌入的服务。实际上，LaaS的底层技术就是云服务，在LaaS之上，能够封装出很多位于SaaS层的服务。

在金蝶的供应链解决方案部负责人李晓辉看来，数智化技术对于提升供应链韧性至关重要。供应链数智化的目标是以数据驱动业务来代替传统的以流程驱动业务，这意味着企业必须具备对产业链深度耦合以及强化自身产品上下游协同的能力，而且，这些能力要能帮助企业快速做出决策。

在这次合作的过程中，金蝶充分发挥了自身先进的IT架构优势。依托于金蝶云苍穹这一PaaS平台，以金蝶云星瀚的采购云SaaS这一产品为基础，金蝶为顺丰打造了"新一代招采平台SRM（Supplier Relationship Management，供应商关系管理）系统"。这不仅帮助顺丰在业务上实现了产品全生命周期管理以及供应链智能一体化管理，还使业务具备多业态、多组织、可扩展、智能化、风控管理等优点。

在供应链全流程一体化建设方面，金蝶云星瀚推出的采购云以及营销云与顺丰智慧供应链的核心产品"丰智云链"进一步融合，打造一条看得见、摸得着、能驱动、能融通、能进化且跑得稳的"链"，帮助企业进一步完成数智化物流供应链平台的构建，提升智慧化物流供应链管理能力。供应链全流程一体化以数智化技术为业务赋能，推动采购、营销与物流供应一体化解决方案的落地。

不同企业的供应链各具特色但又有一些共同点，如断点多、链条长、管理复杂等。供应链管理成本在企业前期生产成本中占比较大，给企业管理带来较大的挑战。科技的赋能与数智化技术的支持，助力企业打造一条更具韧性、更为敏捷的供应链。

以数智化技术为底座的一体化供应链，是企业供应链发展的趋势。未来，数智化技术与供应链服务不再是割裂状态，而是合为一个"数字供应链服务"整体。

12.2 数智化时代的订单管理

订单管理涉及产品生产、供应、经营风险管理等关键环节。数智化时代，传统的订单管理难以满足企业发展的需要，订单管理应当顺应时代潮流，进行数智化转型升级。

12.2.1 对订单数据进行集成化智能管理

无论是进货订单管理还是销售订单管理，都需要耗费人力、时间成本。当订单量较少时，员工还能处理，而随着市场不断扩大，订单量不断增多，产品进出库速度越来越快，人力处理订单的难度不断加大。这时，企业便需要运用订单管理工具对订单数据进行集成化智能管理。

对于企业来说，对订单数据进行集成化智能管理存在诸多好处，具体有如下几点。

（1）企业能够对全渠道订单进行统一智能化处理。许多企业的销售渠道都是多样化的，如门店、线上商城、小程序等，不同渠道产生的订单类型不同，企业需要对多个渠道产生的订单进行统一处理。通过中心调度，企业能够对订单的拆合以及仓库物流的匹配进行智能化处理，若订单出现异常，还能够及时进行智能化拦截。

（2）企业能够对货品进行精细化管理。订单管理工具能够帮助企业自动转换货品采购与售出的价格，通过对不同的质量等级、包装规格、产品批次的货品的分类管理，使货品订单数据更加清晰透明，使数据分析更加准确。

（3）订单管理工具能够实现订单处理全流程的可视化，通过集成化管理与实时监控，能够对每一个订单在不同节点的状态进行跟踪，确保订单的准确性与准时性，为消费者提供优质的产品与服务。

肇庆市供销社企业集团有限公司的经营范围涉及农副产品、再生资源、物业管理等领域，在发展过程中，该公司逐渐暴露出一些问题，如人工下单效率低下、数据业务汇总流程烦琐、价格高频变动使订单数据处理难度加大等。于是，该企业向深圳市筷云信息科技股份有限公司寻求合作，致力于打造订单集成化智能管理系统。

针对肇庆市供销社企业集团有限公司的具体情况，筷云信息科技为其提供了一整套解决方案。例如，通过一键智能下单，可快速、批量订购货品，生成批量订单数据，实现一键管理，助力效率的提高；通过智能协同，实现订单汇总，根据订单数据能够进行实时任务分配，极大地提升采购、销售效率；在账单结算方面，按照不同日期、品类、客户类型等对订单进行分类，自动生成报表，账款清晰。

总体而言，对订单数据的集成化智能管理能够帮助企业简化订单处理流程，有助于企业运营效率的提升。

12.2.2 打造敏捷的订单管理系统

随着时代的发展与科技的进步，各企业都需要打造有自身特色的、符合自身发展情况的、能够及时响应市场需求的敏捷的订单管理系统。

敏捷的订单管理系统以企业发展过程中的实际需求为基础，能够将大量订单处理工作转移到线上，帮助企业建立一个灵活机动的订单管理平台。

运用敏捷的订单管理系统，企业能够实现不同权限下多人、多地、多仓库的协同工作，提升整体运营效率。不管是网上商城还是实体店，工作人员都能够随时查看订单数据，以及销售、采购、库存产品的数据，基于此，便能够全方位掌握企业的经营情况。

敏捷的订单管理系统能够通过自动流转的订单处理业务，帮助企业各部门规范业务处理流程，促进协同合作；通过订单情况及时反馈产品的销售情况；通过库存数据及时提醒相关工作人员进行补货或积压处理，从而对产品库存进行合理管控，始终保持安全稳定的库存量以及合理的库存结构；通过与市场积极连接，帮助企业积极响应市场变化，提升企业应对市场变化的能力；帮助企业通过分析自身运营数据，及时做出运营决策，提升企业的核心竞争力。

12.2.3 智能化交付体系

订单的交付是企业的核心运营流程之一，它将企业中的市场、研发、设计、采购、生产、销售、物流、服务等部门整合在一起，是影响企业市场竞争力高低的关键。一个高效运行的交付体系，需要将整个订单交付业务流程中所涉及的业务单元进行整合，打破部门工作壁垒。

在数智化时代，如何借助大数据、人工智能、云计算等技术，对交付体系进行智能化重塑，成为各企业关注的重点。

首先，基于用户画像与触点分析，企业与消费者能够建立更紧密的连接。在移动互联网的赋能下，企业与消费者的互动大多是通过企业官网、微信公众号、相关App等线上渠道进行。通过对这些线上互动的触点进行分析，并结合大数据技术生成的用户画像，企业能够获取大量有价值的市场线索，从而与消费者建立更加紧密的连接，为产品的生产与交付奠定坚实基础。

其次，借助SOA（Service-OrientedArchitecture，面向服务的架构）等数字化架构模型，企业能够将自身的数字化营销渠道进行数据贯通，以打造透明化的供需信息链条，实现端到端的透明化订单管理。基于此，企业能够实现供需链上下游的业务协作与集成，打造出一个能够快速响应市场的柔性供需链。透明化的供需链也能够使消费者了解自身订单何时交付，这有助于消费者满意度的提升。

最后，智能化交付体系除了需要打造透明化的供需链，还需要实现物流的高效透明。大量相关研究表明，许多企业的订单交付周期之所以很长，是因为物流环节浪费过多时间。

物流的透明化对于打造智能化交付体系有着重要意义。运用物联网、GPS等技术，企业能在产品原料入厂以及成品出厂等物流运输环节实时跟踪物流运输车辆的位置，掌握物流运输情况以及运输轨迹，实现物流全过程的透明管理。

借助各种数字化架构与智能化技术，对产品交付各个流程、数据、系统、体系进行贯通，企业能够实现交付体系的智能化，从而实现快速、柔性、高效的订单交付。

12.2.4 如何应对购物节期间的爆发式订单

每到购物节，电商平台都会爆发大量订单。而纷至沓来的订单在带来大量利润的同时，也会为店主带来一些问题，如接错单、下错单、难以跟踪订单、不能及时配送等，多年经营积攒的客户可能会因为在购物节期间体验不佳而白白流失。

传统的订单管理系统效率过低、实时性差、容易出现错漏、响应速度慢，当订单数量较少时，传统的订单管理系统还能够维持店铺的正常运转，而在购物节期间，订单量猛增，店主便需要引入数字化的订单管理手段。

由浙江万博大数据运营有限公司承建和运营的浙江义数云便是针对爆发式订单设计的，主要是为了帮助义乌的中小企业进行数智化转型升级，优化中小企业的组织与流程，培养中小企业在市场分析、产品研发、生产、营销、物流等方面运用大数据进行决策的习惯。

义数云采用了华为云私有云解决方案，将中小企业的业务与云计算技术紧密结合，助力企业的发展。

义数云的订单管理系统能够多渠道获取数据，自动提高报表质量，并提供多种运营监管报表，助力企业进行敏捷决策。通过实时大数据分析，义数云还能够帮助企业动态调用产能，使企业的报价周期大幅度缩减，从而使企业的产品进入市场的速度加快，提升企业的市场竞争力。

已经有超过 3 000 家中小企业使用了义数云，创造了庞大的贸易额。未来，将出现更多类似的云服务，使每一个企业在购物节期间都能够从容地迎接挑战，获得更好的业绩。

12.2.5 海尔：优化物流体系，提升供应链效率

供应链管理能够有效地降本增效，增强企业的核心竞争力。在供应链管理上，海尔有着独到的见解。创立于 1984 年的海尔实现了从一个濒临倒闭的小厂到如今知名的跨国公司的转变，与其供应链管理模式密不可分。

海尔是如何实现业务统一营销、采购、结算，并利用全球供应链资源搭建全球采购配送网络的？这得益于海尔在物流管理方面采用"一流三网"模式。该模式充分体现了现代物流的特点："一流"是以订单信息流为核心；"三网"分别是全球供应链资源网络、计算机信息网络、全球配送资源网络。"三网"同步运行，为订单信息流的增值提供技术支持。

在物联网和计算机信息管理系统的支持下，海尔通过 3 个 JIT（Just in Time，准时制生产方式），即 JIT 采购、JIT 配送和 JIT 分拨物流，实现了物流管理的同步。所有供应商都通过海尔的 BBP（Business to Business procurement，原材料网上采购）平台在网上接受订单，将下达订单的周期由原来的 7 天以上缩短到 1 小时以内，准确率高达 100%。此外，供应商还可以在网上查询库存、配额、价格等信息，及时进行 JIT 采购，避免缺货。

海尔对自己的物流体系进行了全面改革，从最基本的物流容器单元化、标准化、集装化、通用化，到原材料搬运机械化，再逐步深入到工厂的定点送料、日清管理，实现了库存资金的快速周转，库存资金周转速度由原来的 30 天以上减少到 12 天。

根据订单需求，生产部门完成生产后，通过海尔的配送网络将产品送到用户手中。海尔的配送网络从城市扩展到农村，从沿海扩展到内地，从国内扩展到国际。海尔在国内有 1.6 万辆可调配车辆，可以做到物流中心城市 6~8 小时配送完

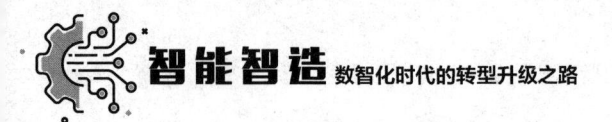

成，区域内 24 小时配送完成，全国主干线分拨配送平均 4.5 天完成，形成全国最大的分拨物流体系。

物联网将企业外部合作伙伴、CRM 平台和 BBP 平台连接在一起，架起了海尔与全球用户、全球供应商沟通的桥梁，实现了海尔与其之间的零距离接触。

海尔的"一流三网"形成了完整的物流、商流、资金流的同步流程体系，从根本上打破了自循环的封闭体系，扭转了企业以单体参与竞争的局面，使企业能快速响应市场，以最低的物流成本向客户提供具有最大附加值的服务。

12.3 数智化时代的资源管理

数智化时代，人才、客户、设备等都是企业重要的资源。企业的数智化转型升级绝非单一的技术升级，而是各个部门、各个环节、各种资源的全面转型升级。因此，企业的资源管理也需要进行智能化转型升级，以促进企业更好地发展。

12.3.1 人力资源管理创新：重塑人与组织

数智化转型升级成为我国企业发展的重要战略，在数智化转型升级的过程中，人力资源管理也需要进行改革创新。

数智化的人力资源管理，是由传统的粗放式员工管理向精细化员工管理转变，需要优化部门组织架构，压缩行政管理层级，合并部门职能，优化业务岗位，实现减员增效。数智化的人力资源管理还能够创新工作场景以及劳动组织方式，最大程度地激发员工的工作兴趣，使员工在工作过程中能够更加投入，从而达到提质增效的目的。

数智化时代，人才、人力资本成为企业价值创造的主导要素，高级知识型人才成为企业发展的主体；传统的雇佣与被雇佣关系已经不再适用，新型知识型人才对企业经营管理的知情权与参与权提出越来越多的要求；人与组织的关系逐渐转变为合作伙伴关系，甚至联盟关系。

在这种合作伙伴关系中，人才与组织是一种相互投资、相互作用、共同受益的全新劳动关系。这种全新劳动关系需要企业与人才建立高度信任，人才能够高度参与企业决策与治理，更好地为企业服务，最大程度上发挥出自己的价值。

企业的用工形式也变得更加灵活多样，例如，盈余时间用工、居家办公、灵活用工、创新协同自助平台、业务外包、数字化工作平台等，都是对传统用工方式的创新，也是对传统的人与组织的关系的重塑。

未来，人力资源管理的数智化创新将不断深化发展，更多的智能化思维与数字技术将被引入人力资源管理中。已经有许多企业实现了数智化、科学化的人力资源管理，如腾讯、百度、平安集团等。这些企业通过打造数字化的人才价值创造活动、人才工作场景体验、人才配置与协同、人才价值评价等，赋能人才发展与组织管理，激发自身组织架构的活力。

12.3.2　CRM 助力企业管理客户资源

对于每一个企业来说，客户都是十分重要的资源。客户资源是企业利润的直接来源，也是企业可持续发展的基础以及企业参与市场竞争的有力保障。但是，合理管理数量庞大的客户资源不是一件易事，CRM 系统便是帮助企业解决这一问题的有力工具。

首先，CRM 系统能够帮助企业精准获客。通过 CRM 系统，企业可以汇总不同渠道的客户，并将其转化为商机。CRM 系统能够通过数据分析将不同类型的客户进行分类记录，从而保证客户跟进的效率。

其次，CRM 系统能够对来自各种渠道的客户统一管理。CRM 系统能够对客户与企业的商业关系进行记录，绘制出一张严密的客户关系网，对客户资源进行网状管理，方便企业进行精准的客户服务。

最后，CRM 系统能够帮助企业有效减少客户资源的流失。在传统的客户资源管理方式下，企业的客户资源大多掌握在经验丰富的销售人员手中，如果这类销售人员离职，那么他们手中掌握的客户资源便会流失。而使用 CRM 系统便能够避免这一问题，企业可以将客户信息录入 CRM 系统中进行统一管理，这样，客户资源便成为公司资产，不会因为人事变动而流失。

来自江苏的瑞丰公共设施制造有限公司，曾受客户资源流失这一问题的困扰。该企业的客户资源大多掌握在销售人员手上，公司对部分销售人员的依赖性极强，而新员工的培养也成为一大难点。

于是，瑞丰公司引进 CRM 系统对客户资源进行统一管理，将所有的客户资源都存储于 CRM 系统中，员工调岗或离职只需移交客户资源，企业就能够在统一管理平台对客户资源进行分配、回收等操作，极大程度上避免了客户资源的流失。

CRM 系统帮助瑞丰公司实现了客户资源与销售过程的信息化管理，规范了员工的业务流程，提升了员工的工作效率，帮助企业降本增效。

12.3.3 设备资源管理的智能化升级

当前，各行各业中的企业都面临着数智化转型升级。在转型升级的过程中，企业需要购置的设备种类与数量越来越多，如果没有一套智能的设备管理系统，那么这些设备就不能得到完善的管理，也就无法实现可持续利用，无法发挥出最大价值。

针对这一情况，企业需要对设备资源管理进行智能化升级，实现对设备资源的合理管理及利用。

数字化、智能化的设备资源管理主要可以分为两个部分：设备资产管理与设备状态监测。

1. 设备资产管理

设备资产管理的基础是对设备资产信息的统计，包括不同类别的设备的相关数据、不同车间设备数量与使用情况、固定资产状态的统计等。

基于此，智能化的设备资产管理能够对部分关键设备进行精细化管理，例如，对关键设备进行定时状态测评、制定相应的应急预案以应对可能出现的问题、对设备进行定期维护等。

设备资产管理还包括预防修理、使用维护、故障修理等，以对设备使用过程中产生的问题及时进行处理。在发生异常状况后，相关工作人员能够通过App或小程序及时报修，系统接收到报修信息后则会将任务自动分配给维修人员，维修人员能够对设备出现的问题进行快速处理。

2. 设备状态监测

设备状态监测主要是利用物联网等智能技术，对设备各个维度的数据进行实时监测，将设备的即时信息回传到统一平台，实现对设备状态的统一监测。工作人员能够根据数据变化情况，第一时间掌握设备使用状况，及时对设备进行维护。

传统的设备管理方式已经不再适应企业当前的发展需求，不管是设备种类与数量的增加，还是设备的技术水平日益提高，都对企业的设备资源管理提出更高的要求，促使企业实现设备资源管理的智能化。在当前激烈的市场竞争中，智能化的设备资源管理系统已经成为各企业不可或缺的设备资源管理工具。

12.3.4 数智化人才转型升级

随着数智化转型升级的进程不断加快，越来越多的企业意识到数智化人才转型升级对于企业数智化转型升级的重要意义。数智化人才转型升级不仅关乎技术的进步，还关乎企业战略、文化、组织、流程以及管理体系等方面的变革。人才成为企业数智化转型升级的基石。

数智化人才转型升级十分急迫，因为企业的数智化转型升级速度不断加快，而人才的培养速度难以与企业转型升级的速度相匹配，容易造成数智化人才供给不足的问题。

传统的人才培养方式不注重学习经验与业务实践的结合，员工往往处于被动学习的状态，对于培训内容、学习方式，大多是被动接受而非主动学习，这就导致学习效果不佳、学习成果转化率较低等问题。

当今时代，在知识越来越易得的同时，知识也越来越碎片化。数智化时代将海量的知识分散到互联网的各个角落，非正式学习无处不在，员工的注意力很轻易地就被碎片式的信息吸引，系统化、平台化的人才培养体系越来越难以建立。

如何应用数智化技术，构建出更加开放化、体系化的人才培养平台，进行系统化的人才培训，成为各企业进行数智化人才转型升级的关键问题。

强生医疗器材有限公司从员工的学习需求出发，从技术升级与内容深化两大板块入手，为员工打造集数字化运营、大数据分析与情景化学习于一体的在线学习平台，不断推动企业人才的数智化转型升级，实现引领人才数智化发展的目标。

强生医疗设计了十分具有针对性的培训思路，即通过数智化转型升级助力人才快速发展，提升培训的效能，降低信息流转成本；畅通员工的学习曲线，打造更具灵活性、敏捷性且可量化的数智化人才组织，提升企业的管理、运营效率。

强生医疗的数智化人才培训战略，并不是简单地将培训形式与内容转移到线上，而是通过数智化工具实现培训内容广度与深度的拓展。

强生医疗以人才为核心，坚持以人才的进步带动企业的数智化转型升级。强生医疗不仅为员工提供学习的工具、平台，还从员工的行为习惯与认知思维入手，引导员工逐渐适应更先进的数智化工具与平台，进一步提高员工的数智化水平，提升工作效率，实现员工与企业的共同进步。

第13章

服务数智化：制造与服务的智能融合

数智化技术正在重塑整个商业世界，新的商业模式与变革性创新成果不断涌现，推动服务行业数智化转型升级。在以消费为导向的经济发展模式下，全球经济向服务型经济转型，制造与服务的边界日益模糊。

13.1 数智化时代，服务体系智能升级

由于用户购买习惯的变化以及企业内生需求的升级，服务数智化转型已经成为许多企业的当务之急。服务体系智能升级是企业数智化转型升级的关键，当前，越来越多生产制造企业开始向服务型企业转型。在转型过程中，开发智能服务系统、做好智能售后管理、压缩订单响应时间，成为企业升级服务体系的重要手段。

13.1.1 生产型企业向服务型企业转变

当前，全球制造业正在经历新一轮数智化转型升级，许多制造企业都在从生产型企业向服务型企业转变。

传统的生产价值链不断扩展与延长，在产品的附加值构成中，生产制造价值

所占比重逐渐降低，而研发设计、产品营销、物流配送、金融服务等服务价值所占比重不断升高，成为企业竞争力和经济效益提高的主要因素。全球经济开始从产品经济向服务经济转型，服务型企业成为全球制造企业不可逆转的发展趋势。

随着各企业生产与服务环节的融合和渗透，服务环节在制造企业产品价值链中的作用越来越重要，加快了制造企业服务化转型升级的速度。许多著名企业的主要业务已经从生产制造向服务转移，服务业务所产生的销售额在企业整体销售额中所占的比重逐渐加大。

在进行服务化转型升级时，企业可以提供两种服务：一是从产品本身衍生出来的服务，如个性化定制、客户需求分析、产品安装调试、产品回收与维修等；二是产品涉及的拓展服务，如数控机床、程序设计、汽车保险等。

通用电气公司是全球著名的生产制造企业，经过100多年的发展，业务已经从电器、电子产品制造扩展到金融、医疗、能源、航空航天等多个领域。面对全球制造业服务化转型浪潮，通用电气公司也在服务领域进行积极布局。

通用电气公司将服务作为四大核心业务之一，通过大量开展并购业务，大力扶持企业中金融服务部门的发展。通用电气公司通过收购广播公司涉足娱乐产业，由传统的生产型企业转变为多元化的服务型企业。

企业由生产型向服务型转变，不仅是全球产业激烈竞争的结果，还是适应多元化市场需求以及应对数智化转型升级浪潮的必然选择。未来，企业数智化转型升级程度将不断加深，越来越多的服务型企业将为市场注入新的活力。

13.1.2 开发智能服务系统，整合上中下游

智能服务系统是一种从用户需求出发、具备即时性和高度主动性的智能系统。通过捕捉用户的原始数据信息，结合后台长期积累的数据，智能服务系统能够构建用户需求结构模型，进行更深入的数据挖掘与商业智能分析。

除了可以对用户的喜好、习惯等显性需求进行分析，智能服务系统还能够对用户的身份、生活状态、工作状态等隐性需求进行挖掘，从而为用户提供更加高

效、精准、深层次的服务。

智能服务不仅需要对用户数据进行传递和反馈,还需要主动对用户需求进行多层次、多维度的感知以及深入的辨识。这就要求企业不断深入探索,大力发展相关智能技术,如数据挖掘技术、人工智能技术、特征识别技术、视频采集技术、环境感知技术、自动化控制技术、自然语言生成技术等。多元化、跨平台的智能技术是开发智能服务系统的前提。

企业开发智能服务系统要注重安全性,没有高度安全保障的服务对于用户来说是没有价值的。只有通过端到端的安全技术保障用户的信息安全,用户才会对服务供应商产生信任,才能和其建立长久的合作关系。

企业在开发智能服务系统的过程中,要积极整合上中下游资源,建设健全的产业链。智能服务系统的开发要求企业由传统的粗放型发展转向高质量、精细化发展。企业还要将智能技术引入生产过程中,融合创新思维和创新理念,不断推出更具创新性、生命力的产品与服务。

企业应当促进上中下游产业链各个环节的融合,这样才能开发出完善、精细、全面覆盖的智能服务系统,进一步促进整个行业服务的高质量转型升级。

13.1.3 做好智能售后管理,及时响应反馈

售后服务是企业竞争力的重要体现。传统的售后服务往往依赖于人工客服,一方面,耗时耗力、效率低下,常常出现工单处理慢、内部信息分散、服务不及时、流程烦琐等问题;另一方面,在售后反馈高峰期或者人工客服情绪不佳时,容易出现纰漏,无形之中增加了客户售后反馈的难度,给客户带来不好的消费体验,导致客户资源流失。

企业可以通过打造智能售后管理系统,多渠道解决售后问题,及时响应客户反馈。运用智能售后管理系统,客户可以通过官网、微信公众号、小程序等多种渠道自行登记产品问题,无须排队等候人工客服的回复,这也使人工客服的工作压力进一步减轻。

企业可以将售后维修表单以二维码的形式印在产品包装上，这样当产品出现问题时，客户直接扫描二维码就可以快速上报问题。

问题上报后，智能售后管理系统可以自定义售后服务流程，使维修表单在后台自动流转，节约层层审批产生的时间以及交流成本，实现智能派单，提高售后服务效率。

对于客户来说，漫长的等待时间往往是售后服务处理过程中最难以忍受的问题。智能售后管理系统能够通过移动端信息的互通，使客户可以随时查看自己上报的问题的处理状态，有效避免了处理信息延迟、断层等问题。

客户还能够在多个渠道对售后处理情况进行实时反馈，对于维修人员的工作情况进行评价，更好地维护自身的权益。

为了让售后服务更加简便、高效，兰剑智能科技股份有限公司在传统的电话报修的基础上，推出了小程序、公众号在线报修功能。客户能够随时随地自助报修，也能够通过线上平台追溯处理全过程，极大地提升了客户的售后服务体验，兰剑智能的售后服务效率得到提升，市场竞争力进一步增强。

13.1.4 食品加工厂如何压缩订单响应时间

对于制造企业来说，产品如期、如质交付是可持续性发展的重要保证。食品加工作为生产制造的一种类型，产品具有保质期较短、产品质量要求较高、产品上市周期较短等特点。如何压缩订单响应时间、缩短产品生产周期，成为食品加工厂提升竞争力的关键。

想要压缩订单响应时间，食品加工厂需要从多个方面努力。

首先，食品加工厂需要对订单进行全流程管理。从订单生成，到备货、发货，再到产品交付、收款开票，需要形成完整的订单全流程管理闭环。食品加工厂应给每一个步骤设定相应的处理时间，严格把控产品生产周期，解决发货不及时的问题。

其次，在采购环节，食品加工厂可以通过运用各种数智化技术，对采购数据进行精细化记录，保证原料采购的效率与质量，为产品生产提供有力的支撑。历史数据的积累能够帮助食品加工厂快速选择最合适的供应商，进一步缩短决策时间，提高产品生产效率。

再次，食品加工厂需要打造全流程的进销存管理系统，全面掌握产品销售的每一个环节。进销存管理系统能够实现供应商管理、进货管理、生产管理、商品管理、销售管理、库存管理的全流程一体化，对于产品从原料采购到订单交付的全流程都能随时跟踪，实现精准管控。

最后，对于产品的生产周期与生产进度，食品加工厂要能够做到全面掌控，实现全链路生产流程跟踪，帮助企业节约生产成本，提升产品质量，保证订单响应速度。

食品加工厂可以通过智能系统实现协同工作，简化产品流转的步骤与流程，缩短供应链循环时间和产品生产周期，实现柔性化生产，进一步压缩订单响应时间。这在提升客户消费体验的同时，也能够增强食品加工厂的市场竞争力。

13.2 服务数智化转型升级及定位重塑

在服务数智化转型升级过程中，企业需要根据自身实际情况进行服务数智化转型升级的精准定位，制定对应的策略与方法。企业可以通过创新、升级服务方式、重塑服务人员的定位和能力、打造自动化智能服务体系、对社群生态进行智能化运营，加快服务数智化转型升级。

13.2.1 服务方式的创新与升级

服务数智化转型升级的重心在于拓展服务的价值链条，创新、升级服务方式，将服务转化为价值要素。企业服务方式的创新、升级要始终以客户为中心，以满足客户需求为根本目标，将满足客户需求上升到战略层面。

从客户的需求出发，企业服务方式的创新、升级包括服务内容的创新与服务

方法及渠道的创新。

服务内容的创新、升级需要从企业的核心产品入手，这样才能更好地发挥出企业所具备的优势。例如，汽车生产制造企业提供汽车维修、保养、车检等一体化服务，家用电器制造企业提供电器上门安装、使用指导、维修等服务。

企业需要围绕核心产品，加大研发系统化技术与关联性技术的力度，为客户提供配套衍生产品及专业化、一体式服务，提升企业的综合效益。

陕西鼓风机（集团）有限公司拥有压缩机领域的核心技术，在发展早期，其专注于集中生产轴流式压缩机。在发展后期，该公司提供系统设计、系统安装调试等一系列服务，通过服务方式的创新、升级，为客户提供更加全面、专业的服务，客户的黏性进一步提高，品牌的核心竞争力增强。

在服务方式创新、升级的过程中，企业需要进行服务方法与渠道的创新。例如，企业可以借助互联网平台在线上销售产品，为客户提供产品信息咨询、售后等服务，创新服务方法和渠道。

数智化技术的发展使越来越多的服务方法与渠道进入大众视野中，企业为客户提供服务有了更多的选择。随着市场竞争越来越激烈以及消费需求趋于个性化、多样化，墨守成规、拒绝创新的企业难以长久生存。企业需要根据自身实际情况以及消费者的需求，对服务方式进行创新、升级，这样才不会轻易被市场淘汰。

13.2.2 重塑服务人员的定位和能力

在服务数智化转型升级的过程中，服务人员定位和能力的重塑十分重要。服务人员是企业为消费者提供服务的主体，企业服务的好坏与服务人员业务能力的高低息息相关。

为了提升服务质量，企业应当为服务人员业务能力的提升创造有利环境。斗山工程机械有限公司（以下简称"斗山公司"）是一家重装备公司，其挖掘机、装载机等产品与配套服务一直深受消费者的喜爱。

随着工程机械市场的不断发展，以及多样化、个性化的客户需求不断涌现，各企业开始在售后服务、品牌形象塑造等方面展开竞争。斗山公司推出了自身的服务品牌 DoosanCARE，通过推出产品配套的服务，提升自身在行业市场中的核心竞争力。

斗山公司在实现服务数智化转型升级的过程中面临许多挑战，其中，最关键的就是缺乏服务型工程师。服务型人才与制造型人才存在很大差别，虽然许多工程师的技术水平过硬，但是服务意识淡漠，没有树立服务客户的理念，对自身的角色定位也不明确。

如何培养高质量的服务型人才、重塑服务人员的定位和能力，成为斗山公司需要解决的问题。斗山公司探索出一套适合自身实际情况的服务型人才的招聘考核与培训发展体系。

斗山公司开展校企合作，通过挖掘高校丰富的人才资源，将企业实际业务与高校专业教育教学有机结合起来，建设工程机械相关服务型工程师的专属培训基地，携手高校共同培养符合斗山公司需求与市场需要的优秀服务型人才。

斗山公司十分注重对在岗员工服务意识的培养，在一线管理中设立鼓励机制，激励员工在日常工作中创新，不断改进自身服务方式。斗山公司还建立了能够供员工分享工作经验的学习平台，在企业中形成积极向上的学习氛围。

通过针对性的全员强化培训，斗山公司努力打造全面、专业的服务型人才队伍，通过培训重塑员工的服务定位与服务能力，巩固企业在机械工程售后服务领域的市场竞争优势。

13.2.3 打造智能自动化服务体系

企业要格外注重服务体系的打造，进入数智化时代，运用各种智能技术打造智能自动化服务体系，已经成为各企业提升核心竞争力的重要手段。

广东碧桂园物业服务有限公司（以下简称"碧桂园物业"）一直致力于运用数智化思维，借助数智化技术，打造智能自动化服务体系，为客户提供更加专业、优质的物业服务。

业主只要用手机扫描电线杆上的二维码，就能清晰地了解到这根电线杆是什么时候换的电灯泡、刷的油漆；当小区中的公共设施出现问题时，业主在手机小程序、公众号上便可一键报修，还能实时跟踪维修进度。这些场景在碧桂园物业服务的小区中已经成为常态。

碧桂园物业一直专注于打造更加透明、智能的物业服务体系，通过对移动互联网、物联网等技术的应用，为业主提供高品质的物业服务。

碧桂园物业创建了智能服务平台，业主的家政服务、购物、装修、洗衣、订餐等各种需求都能在智能服务平台上得到满足，业主足不出户就能享受到全面的智能化服务。

作为物流行业的领军企业，菜鸟网络致力于打造智能自动化物流服务体系。菜鸟网络在全国范围内上线机器人仓，打造机器人仓库群，构建菜鸟物流智能仓配立体服务体系。

菜鸟网络的机器人仓改变了传统的人工拣货的方式，实现了智能自动化拣货，大幅提升了物流效率。机器人还能够在基础电气设施搭建完毕的情况下，自主完成搭建智能仓库的工作。

传统的仓库搭建工作不仅需要耗费大量人力、物力，还会影响仓储工作的正常运营以及商家的发货安排，容易对消费者权益造成损害。而机器人自主搭建智能仓库不仅节约了大量人力、物力，而且速度快、质量高，海量商品由菜鸟智慧大脑统一调度，动态移动过程中也不影响订单的操作。

菜鸟网络构建的以机器人为核心的智能自动化服务体系，大幅提高了物流配送效率，使传统的物流以及仓配业务得到了智能化升级。

13.2.4 社群生态智能化运营

社群经济是智能互联网时代的特色经济，互联网与物联网技术的出现，使万事万物之间的互联互通成为可能，使社群运营成为商业变现的关键。社群是一群人形成的集合体，社群成员往往有相同的兴趣爱好、消费倾向、身份属性、地域特征、价值观等,具有鲜明的社交属性与价值属性。

社群的生态智能化运营,就是在互联网时代,以物联网技术为基础,以智能化平台为载体,结合大数据与云计算等智能技术,通过对用户群体的精准定位,以价值链的整合为目标的智能化运营模式。

社群生态智能化运营是对传统产业资源的整合,具有智能化、场景化、全面性、跨行业等特点,是电子商务运营与新媒体运营的有机结合。现实社群逐渐向虚拟社群发展,社群的数量快速增加,社群中蕴藏的商业价值越来越丰富。

社群生态智能化运营能够帮助企业构建一个高效的营销圈。一方面,社群能够融合产品营销,帮助企业将产品与用户连接起来,实现精准营销;另一方面,企业能够借助社群建立流量、资源共享平台,使用户与品牌的互动增多,增强用户的黏性与忠诚度,提高用户转化率。

社群是企业管理用户资源的重要阵地。通过社群交互,企业能够很轻松地获取用户的相关数据以及信息,并且能够在社群中收集到大量用户对产品的反馈。进入品牌社群的用户往往是品牌的核心用户,他们对品牌的反馈能够帮助企业更好地迭代产品,提升产品质量。

如何实现社群生态的智能化运营呢?

首先,实现社群生态智能化运营要依托于产品创新。挖掘社群的商业价值是企业运营社群的主要目标,企业需要通过具有创新性的产品与社群成员产生更紧密的连接。社群中的成员大多是较年轻的用户,他们对于产品的创新性、时尚性有着更高的要求,这类产品更能吸引年轻用户群体的兴趣。

其次,实现社群生态智能化运营要以智能平台为载体。任何社群都要依托于平台才能建立,例如,微信的群聊、百度的贴吧、微博的群聊、QQ 的群聊等。社群有利于社群成员更好地互动,增强社群成员的凝聚力与认同感,还有利于社群管理者开展各种各样的社群活动。

再次,实现社群生态智能化运营要利用共同的兴趣点将志同道合的人聚集起来。有效的社群往往是志同道合的人的集合,从而形成更加稳固的社交关系,用

户之间能够互相影响，刺激消费。

最后，实现社群生态智能化运营要线上线下联动。企业与用户之间、用户与用户之间的互动是构建良好社群关系的基础。除了在线上积极开展互动活动外，企业也应当将互动延伸到线下，通过邀请社群成员参加线下活动，促进商业变现。

在数智化时代，社群生态智能化运营需要企业从产品、平台、互动等多方面努力，社群的蓬勃发展能够助力产品营销与品牌形象打造，社群蕴藏的商业价值会给企业带来更多收益。

13.3 智能数字人助力服务升级

当前，消费市场呈现出高端化、个性化的发展趋势，服务型消费需求不断增加。为了更好地顺应消费升级的大趋势，很多企业加快服务数智化转型升级，引入创新型服务手段，智能数字人便是其中一种。作为交互技术的最佳产物，智能数字人在许多服务场景有着广泛应用，助力服务升级。

13.3.1 智能数字人：交互技术的最佳产物

智能数字人，即在深度学习、人工智能等技术的支持下，运用虚拟交互与增强现实等智能技术打造的具有一定类人智能的可视化虚拟数字人。

智能数字人的发展如火如荼，许多数字人企业成功完成数千万元的融资。智能数字人成为人工智能领域的热门赛道，在许多应用场景中大放光彩，在部分领域，智能数字人甚至能够代替人力成为新的劳动力。

智能数字人的类别十分丰富，有服务型数字人、泛娱乐型数字人、语言图文交互型数字人、真人替代型数字人等。智能数字人的技术体系构成非常广泛，包括数字化建模、多模态人工智能、动作捕捉、形象设计等，这使智能数字人的产业链条较长。

随着人工智能技术的发展，利用人工智能技术，能够完成动作捕捉、形象渲染等环节，这在一定程度上能够缩短智能数字人的产业链。

如今，智能数字人已经在一些领域发挥出商业价值，未来，人们的日常生活以及企业的生产运营过程中，将出现越来越多的智能数字人的身影。

13.3.2 AI 助力，智能数字人更加智能

智能数字人逐渐从技术创新的产物发展为一个产业，并走向大规模落应用。AI 承载了智能数字人的关键技术，AI 使数字人信息识别更加精准，人机交互更加智能，AI 助力智能数字人服务升级，使智能数字人更加智能。

AI 能够通过机器学习代替人们进行一些重复、琐碎的工作，AI 是众多企业重视并着力探索的领域。许多人都曾有过这样的经历，在办理业务时经常需要配合工作人员，眨眨眼、摇摇头、读出一段话，以完成业务办理。这是在银行、保险公司、证券中心办理业务时的"双录"操作。"双录"操作可以完整、客观地记录用户办理业务的过程，对风险揭示过程留痕，以便规范金融机构行为，为日后争议提供依据。

随着金融业务的发展，许多业务场景都需要"双录"。自 2017 年相关部门发布了关于"双录"的规范后，对金融业务的监督要求越来越高。传统人工质检效率低、成本高，无法满足业务快速发展的需要。在业务高峰期，面对应接不暇的用户需求，人工操作显然会降低服务质量。因此，金融机构需要借助智能数字人让"双录"更加智能化、自动化。

标贝科技有限公司推出智能数字人，全面引入 AI 人脸识别、AI 语音合成等技术，可以实现用户与智能数字人的"面对面"交流，非常适合智能问答、业务咨询等场景。

该智能数字人的"双录"主播功能可以实现虚拟数字人 24 小时上岗，无须培训，无须真人参与。借助这一功能，用户在"双录"时可以自助完成录制音视频、身份认证、风险揭示、电子协议签署等认证留档过程，显著提高了"双录"的效率。

"双录"主播运用 TTS（Text To Speech，语音合成）技术自动播报，话术准确、清晰、完整，且支持流程、话术后台配置，可以基于不同金融服务场景设置"双录"的关键节点。"双录"主播还会对重要信息进行重点提示，降低了用户独立操作的难度，有效防止录制过程中出现环节遗漏的问题，提高了"双录"的一次性通过率。

"双录"主播有以下几个优势：

（1）完全自助化，释放人力，提升效率；

（2）提供定制化服务，服务内容可以基于业务更新；

（3）符合相关部门"双录"合规的要求，具有实时进行风险提示、提供应急预案、永久保存音视频文件等功能。

AI 智能数字人的"双录"主播功能可以应用于理财销售"双录"、法人开户"双录"、合同面签"双录"等金融业务场景，可以有效降低金融机构的人工成本，提高服务效率和质量，促进金融行业发展。

除了金融行业，智能数字人还会有更多的应用场景，如交通、教育、医疗、政务等。未来，AI 智能数字人将在各个场景为人们提供优质、便捷的智能服务。

13.3.3 智能数字人助力服务环节

在服务环节，智能数字人的应用屡见不鲜。例如，浦发银行联合百度智能云，致力于壮大企业内部数字员工的队伍。双方联合打造的数字员工"小浦"，已经成为浦发银行客户的专属智能金融助手。该数字员工采用电影工业级人像建模技术，在形象上与真人高度类似，具有与客户进行自然对话的能力，支持 PC 端、平板电脑、手机等多设备交互。

作为理财专员，"小浦"每个月都能为几十万人提供有温度的金融服务。"小浦"是智能数字人在金融服务领域的一次创新性应用，是技术快速发展在提升用户金融服务体验方面的重要价值体现。

除了"小浦"外，还有文档审核数字员工、智能数字客服、智能数字理财经理等，这些数字员工的工作效率远远高于真人员工，体现出智能数字人在金融领域的独特价值。

商汤科技开发的导览员"小糖"也是一名智能数字人。"小糖"是以一名女演员为原型设计的高仿真智能数字人，拥有秀丽的容貌与苗条的身材，她的说话语气、表情、动作神态，都是深度学习的结果，与真人高度类似。"小糖"首次亮相是在"世界人工智能大会"上，主要功能是为各位参会人员展示人工智能的各种应用场景。

智能数字人能够在许多应用场景代替人工从事重复性的服务工作。目前，智能数字人已经在一些商场、银行、酒店等场所落地应用。随着智能数字人制作技术的升级，以及元宇宙时代的到来，智能数字人的形态与应用将迎来巨大发展。

13.3.4 智能数字人客服实现"无人化"咨询

传统的人工客服存在许多问题，例如，繁多的业务使客服无法及时回答客户问题、等待时间过长、夜间没有客服、中小型企业客服专业性较差、人力成本过高等。随着技术的发展，越来越多的智能数字人被应用到客服领域，轻松解决传统人工客服存在的问题。

"芊言"是京东首个智能数字人客服，她的设定是一名活泼可爱的22岁美少女。"芊言"能够解决产品销售过程中的各类问题，如产品咨询、价格保护、取消订单、催人、售后服务等。京东的研发团队不断地对"芊言"的功能进一步开发，未来，"芊言"将成为一名靠谱的好物推荐官与"种草"达人。

在日常工作中，"芊言"能够提供24小时覆盖全链路场景的智能化服务。客户能够参与"芊言"发起的趣味小游戏，感受智能数字人提供的有技术、有温度的服务。

"芊言"功能的强大源自技术的沉淀与研发团队200多个日夜的反复训练。"芊言"融合了语音识别与合成、自然语言理解、视频驱动、3D美术等多种创新技术，将动作、表情、口型与情感完美结合，不仅能够作为客服解答用户产品方面的问

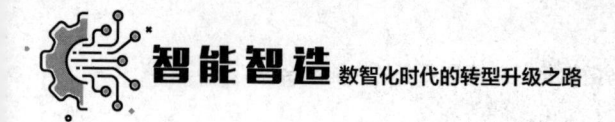

题，还能够提供闲聊、问答等多样化的服务。

在人工成本不断飙升的今天，智能数字人客服是一条值得企业深入探索的全新路径。在元宇宙的驱动下，未来将有越来越多的智能数字人涌入市场，成为企业数字化人才储备的中坚力量。

参 考 文 献

[1] 智能制造系统解决方案供应商联盟. 智能制造系统解决方案案例集[M]. 北京：电子工业出版社，2019.

[2] 王立平，张根保. 智能制造装备及系统[M]. 北京：清华大学出版社，2020.

[3] 李浩. 企业智能制造服务系统实施方法[M]. 浙江：浙江大学出版社，2022.

[4] 杨国涛，程明光. 智能协同：互联网时代的汽车制造供应链管理[M]. 北京：机械工业出版社，2018.

[5] 谭铁牛. 人工智能：用 AI 技术打造智能化未来[M]. 北京：中国科学技术出版社，2019.

[6] 刘继红. 人工智能：智能制造[M]. 北京：电子工业出版社，2020.

[7] 朱强，江荧. 智能制造概论[M]. 北京：机械工业出版社，2022.

[8] 孙学宏，张文聪，唐冬冬. 机器视觉技术及应用[M]. 北京：机械工业出版社，2021.

[9] 孙卓雅，孙建辉. 人工智能与精益制造[M]. 北京：中国人民大学出版社，2019.

[10] 宁振波. 智能制造的本质[M]. 北京：机械工业出版社，2021.

[11] 张映锋. 智能物联制造系统与决策[M]. 北京：机械工业出版社，2018.

[12] 张智海. 制造智能技术基础[M]. 北京：清华大学出版社，2022.

反侵权盗版声明

电子工业出版社依法对本作品享有专有出版权。任何未经权利人书面许可,复制、销售或通过信息网络传播本作品的行为;歪曲、篡改、剽窃本作品的行为,均违反《中华人民共和国著作权法》,其行为人应承担相应的民事责任和行政责任,构成犯罪的,将被依法追究刑事责任。

为了维护市场秩序,保护权利人的合法权益,我社将依法查处和打击侵权盗版的单位和个人。欢迎社会各界人士积极举报侵权盗版行为,本社将奖励举报有功人员,并保证举报人的信息不被泄露。

举报电话:(010)88254396;(010)88258888
传　　真:(010)88254397
E-mail：　dbqq@phei.com.cn
通信地址:北京市万寿路 173 信箱
　　　　　电子工业出版社总编办公室
邮　　编:100036